法治建设与国家治理现代化研究

总主编　谢桂山

新型城镇化与社会保障法律制度研究

高巧玲　著

山东大学出版社

图书在版编目(CIP)数据

新型城镇化与社会保障法律制度研究/高巧玲著. —济南：山东大学出版社，2016.11

（法治建设与国家治理现代化研究/谢桂山总主编）

ISBN 978-7-5607-5651-6

Ⅰ. ①新…　Ⅱ. ①高…　Ⅲ. ①城市化－社会保障制度－研究－中国　Ⅳ. ①D632.1

中国版本图书馆 CIP 数据核字(2016)第 264782 号

责任编辑　尹凤桐
封面设计　牛　钧

出版发行　山东大学出版社
社　址　山东省济南市山大南路 20 号
邮　编　250100
电　话　市场部(0531)88364466
经　销　山东省新华书店
印　刷　泰安金彩印务有限公司
规　格　700 毫米×1000 毫米　1/16
10.5 印张　172 千字
版　次　2016 年 11 月第 1 版
印　次　2016 年 11 月第 1 次印刷
定　价　22.00 元

目　录

绪　论

一

所谓城市化，是指人口向城市地区聚集，乡村地区转变为城市地区。城市化是人类文明进步的重要体现，是经济社会发展的必然结果，一个国家或地区的城市化水平能够反映出这个国家或地区的文明发展状况与经济发展水平。

早在1858年，马克思就指出："现代的历史是乡村城市化。"[①]从19世纪开始，世界上一些主要国家就开始了城市化进程，德国、英国于19世纪晚期初步完成了城市化，美国、日本于20世纪60年代完成了城市化，韩国则于20世纪80年代基本完成城市化。

在德国、英国、美国、日本、韩国等国家已经基本完成城市化进程之际，我国才刚刚开启城市化的大门。改革开放之后，我国学者充分解放思想，开始研究城镇化问题。1991年，辜胜阻在其博士论文《非农化与城镇化研究》中首次提出了"城镇化"概念，2000年，中共十五届五中全会《关于制定国民经济和社会发展第十个五年计划的建议》中正式采用了"城镇化"一词。党的十六大提出"走中国特色的城镇化道路"，我国的城镇化建设在实践层面揭开大幕。2012年12月，中央经济工作会议对城镇化的历史定位是"城镇化是我国现代化建设的历

① 《马克思恩格斯全集》第30卷，人民出版社1995年版，第474页。

史任务，也是扩大内需的最大潜力所在”。党的十八大提出要“走中国特色新型城镇化道路”，以“人”为核心的“新型城镇化”正式登上历史舞台。所谓新型城镇化，是以城乡统筹、城乡一体、城乡互动、节约集约、生态宜居、和谐发展为基本特征的城镇化。2014年，我国发布了《国家新型城镇化规划（2014～2020年）》，这是一部由顶层设计的、在总结吸取国内外城镇化建设经验基础上的、内容全面丰富的、具有较强指导性的纲领性文件。我国的城镇化与新型城镇化建设不仅将对国内经济、政治、社会与文化产生巨大的影响，而且还将对世界经济、政治、社会与文化产生重要影响。诺贝尔经济学奖得主、美国哥伦比亚大学经济学教授斯蒂格利茨断言，中国的城镇化是21世纪对世界影响最大的两大事件之一。

我国城镇化经历了传统城镇化与新型城镇化两个不同的发展阶段。新型城镇化发展思路在传统城镇化基础上形成，首先含有肯定传统城镇化道路的意思，同时又包含摒弃传统城镇化短板并进行创新发展的意蕴。回顾以往可以清楚地看到，传统城镇化掀起了大规模的造城运动，而造城需要大量土地。在各级地方政府主导并推进的城镇化建设中，土地尤其是农村土地成为各级政府与企业为赚取巨额经济利益而争夺牟取的对象。在我国，土地一度被视为农民提供生老病死基本保障的载体，农民对土地占有、使用与收益权利的被剥夺以及失地农民社会保障的缺失直接导致农民生存与生活出现困难，由此引发的违法犯罪案件甚至群体性社会事件不断。一边是某些企业的盆满钵满，一边是失地农民的困苦无依，对农民社会保障权利与经济利益的践踏，对农村发展与环境保护的漠视，加上城乡经济和社会差距的扩大，城乡二元分立现象的加剧，是传统城镇化难以为继的主要原因。

正是因为传统城镇化存在种种阻碍真正城镇化的问题，国家才提出新型城镇化要以“人”为核心。以“人”为核心的新型城镇化意味着国家不仅要重视城市的发展，还要重视农村的发展，要促进城乡一体化发展；国家不仅要保障城市居民的各项权利，还要保障农村居民的各项权利，要使城乡居民公平、平等地分享改革发展成果，而社会保障权益的公平分享即是改革发展的重要成果之一。

社会保障权益是宪法规定的公民所享有的基本权利之一，是以政府为责任主体、由国家为公民提供生、老、病、死方面的基本保障。我国现行《宪法》第45条第1款规定：“中华人民共和国公民在年老、疾病或者丧失劳动能力的情况下，有从国家和社会获得物质帮助的权利。国家发展为公民享受这些权利所需要的社会保险、社会救济和医疗卫生事业。”健全完善的社会保障制度能够满足绝大多数居民最基本的生存与生活需求。因此，城乡居民社会保障权益的享受状况是衡量公民能否公平、平等分享改革发展成果的重要指标，也是衡量新型城镇化是否真正贯彻以人为本理念的重要指标。新型城镇化建设需要大量农业转移人口实现市民化。据中国社会科学院 2013 年发布的城市蓝皮书估算，我国 2012 年需要市民化的农业转移人口存量约为 1.9 亿人，2020 年前还将新增城镇人口近 1.3 亿，2030 年前将新增城镇人口 2.4 亿，2050 年前将新增城镇人口近 3.5 亿。如此庞大的人口的市民化是改革发展到一定程度的必然结果，他们将主动或被动地放弃原有的生活方式。这个过程必须由国家为之提供基本的社会保障，这是保障市民化进程顺利进行的最基本条件。换言之，新型城镇化建设要取得创新性发展，必须首先解除农业转移人口市民化的后顾之忧，这就要求完善农业转移人口的社会保障制度，进行城乡居民社会保障权益的一体化建设。城乡社会保障制度的健全完善是新型城镇化建设的基石。

综观国外，德国、英国、日本、美国、韩国等国家都曾在历史上的某一段时期经历了较为集中的城镇化进程。虽然各国农民大规模进城发生的时代背景、进城模式以及各国所采取的具体应对措施都不尽相同，但其共同点是都通过社会保障立法的形式促使进城农民更快更好地融入城市。其他国家尤其是与中国地缘相近且具有相似文化传统的韩国、日本的城市化过程与社会保障法律制度建设的成功经验非常值得我国借鉴吸收。当然，在城镇化建设已经基本完成的基础上，国外社会保障制度所出现的福利过高导致政府负担过重与不利于鼓励劳动者积极就业等较为严重的社会问题，也是我国社会保障制度建设所必须注意避免的。

其他国家的城市化过程证明，城市化与社会保障制度建设存在着相互影响、相互促进的关系，城市化所带来的经济发展、社会进步为社会保障制度的健全完善提供了经济基础，而社会保障制度的健全完善又能够进一步推动城市健康发展。我国的城镇化进程始于本世纪初，至今只有十余年时间；现代社会保障制度建设的历史也不甚久远，其取得突破性的发展（如建立农村居民养老保险制度与医疗保险制度）的时间也不过五六年。城镇化建设与社会保障制度建设在时间上紧密交织在一起。新型城镇化建设要求突破户籍限制，将大量农村居民转化为城市居民，这就要求在社会保障制度方面也打破户籍限制，即建立城乡一体的社会保障制度，而社会保障实践也适时朝城乡一体化方向发展。如何更好地发挥新型城镇化与社会保障制度的相互促进作用,正是本书研究的主要内容。

二

我国国内对于城镇化的研究较多,尤其近两年来成果颇多:专著类图书有易鹏的《中国新路——新型城镇化路径》(西南财经大学出版社 2014 年版)、孟健军的《城镇化过程中的环境政策实践:日本的经验教训》(商务印书馆 2014 年版)、周其仁的《城乡中国》(中信出版社 2013 年版)等;编著类图书有费孝通的《中国城镇化道路》(内蒙古人民出版社 2010 年版)、厉以宁的《中国道路与新城镇化》(商务印书馆 2012 年版)、中国(海南)改革发展研究院的《人的城镇化——40 余位经济学家把脉新型城镇化》(中国经济出版社 2013 年版)、新玉言的《新型城镇化——模式分析与实践路径》(国家行政学院出版社 2013 年版)等;丛书类图书有李铁主编的"城镇化与社会变革"书系(中国发展出版社 2013 版)、张占斌等主编的"中国特色城镇化建设重大问题研究"书系(河北人民出版社 2013 年版)。上述著作有的从理论或实践的包括地方实践角度研究国内新型城镇化中的土地、户籍、农民工市民化、公共财政支持等问题,有的探讨了新型城镇化中的城乡关系、模式与路径等问题。国家建设部编写组编的《国外城市化发展概况》(中国建筑工业出版社 2003 年版)主要介绍了其他国家和地区城市化的发展进程与特点等问题,可为国内城市化建设提供借鉴。唐磊、鲁哲编的《海外学者视野中的中国城市化问题》(中国社会科学出版社 2013 年版)则是海外学者从不同角度看中国城市化问题的成果汇合,在一定程度上可破解国内学者对城镇化研究"当局者迷"的困惑。与新型城镇化相关的论文可谓汗牛充栋,在此不予赘述。总之,现有成果对于新型城镇化问题的理论研究与实践推进都有重要的学术价值。

国内关于社会保障制度的研究成果也较为丰富。中国古代就已经有了相对完善的社会保障制度,以中国古近代社会保障为研究对象的著作有王卫平、黄鸿山的《中国古代传统社会保障与慈善事业——以明清时期为重点的考察》(群言出版社 2004 年版)、王文素的《中国古代社会保障研究》(中国财政经济出版社 2009 年版)、郭文佳的《宋代社会保障文化研究》(中国文史出版社 2014 年版)、黄惠运的《中央苏区社会保障研究》(社会科学文献出版社 2013 年版)等。其他有郑功成的《中国社会保障改革与发展战略:理念、目标与行动方案》(人民出版社 2008 年版)、郑功成主编的《中国社会保障改革与发展战略(总论卷)》(人民出版社 2011 年版)、丁建宝等的《中国社会保障制度体系完善研究》(人民出版社 2013 年版)、刘苓玲的《中国社会保障制度城乡衔接理论与政策研究》(经济科学出版社 2008 年版)、张民省等的《继承和完善:中国社会保障理论与实践体系研究》(科学出版社 2012 年版)与樊小钢、陈薇的《公共政策:统筹城乡社会保障》(经济管理出版社 2013 年版)。胡晓义主编的《走向和谐:中国社会保障发展 60 年》(中国劳动社会保障出版社 2009 年版)一书全面回顾了新中国成立六十年来社会保障改革发展的历程,总结了所取得的伟大成就、发展经验与未来展望,对社会保障的理论与实践工作具有较强的指导意义。从国际或某个国家视角研究社会保障制度的著作则有俞卫主编的《国际社会保障动态——全民医疗保障体系研究》(上海人民出版社 2013 年版)、阿里木江·阿不来提的《中亚社会保障问题研究》(企业管理出版社 2013 年版)等;韩国金渊明主编的《韩国社会保障论争》(中国劳动社会保障出版社 2010 年版)则是国内第一部关于韩国社会保障的著作。基于我国社会保障制度主要依据政策而非法律建立的客观现实,国内从法律法规角度研究社会保障制度的成果相对较少,目前多以具有普及性质的教科书为多见,如郑功成的《社会保障学——理念、制度、实践与思辨》(商务印书馆 2000 年版)、黎建飞主编的《社会保障法》(中国人民大学出版社 2015 年版)、佚名的《社会保障法》(中国政法大学出版社 2009 年版)等。专门以社会保障法律制度为研究对象的著作则有王伟的《中国社会保障法律制度研究》(中央民族大学出版社 2008 年版)、杨华的《中国城乡一体化进程中的社会保障法律制度研究》(中国劳动社会保障出版社 2008 年版)、欧阳仁根与赵新龙的《中国农村社会保障法律制度研究》(人民出版社 2009 年版)以及潘怀明的《中国特色社会保障法律制度研究》(中国财富出版社 2013 年版)等。

从城市化与社会保障的已有研究成果来看,其共同点在于多由经济学家操刀,社会学、法学等领域的研究成果相对较少。城市化与社会保障不仅仅是经济问题,更是社会问题与法律问题,因此社会学与法学领域的专家学者需要加强专业研究,丰富社会保障理论并拓展社会保障实践。

社会保障制度建设的突飞猛进与新型城镇化建设的时代大背景有着极为紧密的关系,但就目前来看,在新型城镇化的时代背景下研究社会保障制度尤其是社会保障法律制度的成果还很少。党的十八届四中全会作出全面推进依法治国的战略部署,表明了党对法治建设的高度重视。社会保障制度关乎民生，涉及既有利益格局的调整，必须依靠社会保障法律体系的建立和实施，社会保障将随着全面推进依法治国战略的实施而进入法治化的快车道。新型城镇化建设是一个长期的历史进程，社会保障制度建设也将在新型城镇化的历史进程中取得突破性发展，即全面纳入法制轨道。社会保障制度的法治化既是建设法治中国、健全完善有中国特色社会主义法律体系的需要，也是由社会保障权益本身的性质所决定的。社会保障权益是我国宪法所规定的、每个公民都享有的、由国家提供的基本权益之一，是人权的重要内容之一。因此，社会保障权益必须由法律法规进行保护。我国社会保障制度建设经过多年努力，如今已初具规模。尤其是在新型城镇化建设大潮中，社会保障的许多具体制度取得较大进展，如城乡居民养老保险制度与医疗保险制度的并轨统筹，机关事业单位医疗保险与养老保险改革的全面推进实施等。可以说，社会保障制度的立法前提、立法思路与制度基础等已较为成熟，社会保障领域的许多制度都已经可以经过法定程序上升到法律制度的层面，通过法治化更好实现社会保障制度的保障基本生活、维护社会稳定、实现社会公平与促进社会和谐的作用。

三

我国社会保障制度建设离法治化还有较远距离。当前的社会保障制度包括法律与政策两种渊源，政策是社会保障制度的主要渊源，法制建设明显滞后。这虽然不符合社会保障制度健康发展与中国特色社会主义法治建设的要求，但是由社会保障制度建设的历史条件与现实状况所决定的。因此，我们需要正确看待社会保障制度建设的现实状况，积极从法理上正确阐述政策与法律的关系，推动社会保障制度建设在政策规范下取得更大的进展；同时要认真探索政策制度向法律制度的转化，即如何将成熟、规范、有效的政策上升到法律层面，并最终实现以法律规范社会保障制度的目标。

本书对韩、德、英、美、日等国家的城镇化与社会保障制度建设作了较为详细的梳理介绍，希望以他国城镇化进程中社会保障法律制度的发展变化及其相互关系为鉴，吸取其优长，摒弃其弊端，为我国新型城镇化与社会保障法律制度建设提供有益的经验。

本书用了大量篇幅描述我国社会保障法律制度的渊源，尤以对国际条约与惯例的描述最为详细。这样做的目的，一是从整体上呈现我国社会保障法律制度的体系架构与内部层级，使读者能够更好地了解我国社会保障法律制度；二是以不同的法律渊源如法律、行政法规等为对象，分析其优长与问题，更容易发现社会保障法制建设的不足并找到解决路径；三是提醒读者注意，我国社会保障法律制度与国际条约及惯例在覆盖范围、条文内容与保障水平等方面仍然存在较大差别，有待继续完善。

本书就我国当前的社会保障法制状况进行了较为全面的整理分析，首先介绍了我国社会保障法律制度在体系架构、具体内容与发展进步等总体情况，接着重点分析了其存在的体系差、数量少、部门多、效力低等问题。这是我国进行社会保障法制建设工作的基础条件，也是社会保障立法所应特别注意避免的重要问题。本书对我国社会保障法律制度建设的立法模式、基本原则等问题亦有所阐述。本书还提出，我国在完善社会保障法律制度、为国民提供必要的物质保障基础上，还需与家庭保障相结合。不可否认，新型城镇化建设导致"空巢老人""留守儿童"等社会现象日益增多，家庭伦理受到经济大浪的剧烈冲击。如何保障老龄化社会中城乡老年人"老有所养，老有所乐"是摆在国家面前的大问题。我国有家庭保障的悠久历史传统，因此，社会保障法律制度建设必须在确保国家社会保障基础上引导、鼓励与支持家庭保障的回归，家庭保障的回归是应对老龄化的最好的办法。

本书研究的特色在于提出社会保障法律制度对精神保障与家庭保障的规范引导与鼓励支持。当基本的物质生活条件得到保障之后，人的精神需求就会自然上升。在新型城镇化的时代大潮中，越来越多的人离开亲人与故土，家庭分离，无论是已经进入城镇的人还是留在农村的人，都更多地感受到精神落寞与空虚。社会保障不仅仅是物质的保障，而且应该包括精神的保障，而社会保障法律制度对精神保障问题应该有所关注与引导；社会保障应与家庭保障密切结合，共同为亿万人民打造幸福安乐的美满人生。

第一章

新型城镇化对社会保障法律制度建设的需求

第一节　新型城镇化的发展历程

从“城镇化”到“新型城镇化”，我国的城镇化经历了十余年的发展历程，这期间我国的社会保障制度、住房制度与户籍制度等发生了巨大变化。梳理城镇化与新型城镇化的发展历程，对于深刻理解新型城镇化的内涵具有重要的意义。

一、“城镇化”的发展历程与主要问题

（一）“城镇化”的发展历程

2002 年 11 月，党的十六大报告第一次明确提出了“走中国特色的城镇化道路”。党的十六大报告指出，农村富余劳动力向非农产业和城镇转移，是工业化和现代化的必然趋势，因此，“要逐步提高城镇化水平，坚持大中小城市和小城镇协调发展，走中国特色的城镇化道路。发展小城镇要以现有的县城和有条件的建制镇为基础，科学规划，合理布局，同发展乡镇企业和农村服务业结合起来。消除不利于城镇化发展的体制和政策障碍，引导农村劳动力合理有序流动”。

2003 年 10 月，党的十六届三中全会提出了包括统筹城乡发展在内的“五个统筹”发展观，并提出要加快城镇化进程，即“要大力发展县域经济，加快城镇化进程，逐步统一城乡劳动力市场，形成城乡劳动者平等就业的制度，为农民创造

更多就业机会”。

2004 年 12 月，中央经济工作会议明确指出，推进城镇化健康发展是结构调整的重要内容，我国正处于城镇化加快发展的重要时期，总体上已到了以工促农、以城带乡的发展阶段。因此，必须有效引导城镇化健康发展，妥善处理城乡关系，建立逐步改变城乡二元结构的机制。要注意保护和节约土地，维护农民的合法权益，合理把握城镇化进度。

2006 年 3 月，我国国民经济和社会发展第十一个五年规划纲要第二十一章专章谋划“促进城镇化健康发展”大局，要求“坚持大中小城市和小城镇协调发展，提高城镇综合承载能力，按照循序渐进、节约土地、集约发展、合理布局的原则，积极稳妥地推进城镇化，逐步改变城乡二元结构”。为此，“十一五”规划纲要进一步指明了城镇化健康发展的四个关键内容：一是要对临时进城务工人员、在城市已有稳定职业和住所的进城务工人员、因城市建设承包地被征用完全失去土地的农村人口等实行不同的分类引导措施实现人口城镇化；二是要把城市群作为推进城镇化的主体形态，形成高效协调可持续的城镇化空间格局；三是要加强城市规划建设管理，规划城市规模与布局，要符合当地水土资源、环境容量、地质构造等自然承载力，并与当地经济发展、就业空间、基础设施和公共服务供给能力等相适应；四是要健全城镇化发展的体制机制，加快破除城乡分割的体制障碍，建立健全与城镇化健康发展相适应的财税、征地、行政管理和公共服务等，完善行政区划设置和管理模式，改革城乡分割的就业管理制度，深化户籍制度改革，逐步建立城乡统一的人口登记制度。

2007 年 10 月，党的十七大报告指出：“走中国特色城镇化道路，要按照统筹城乡、布局合理、节约土地、功能完善、以大带小的原则，促进大中小城市和小城镇协调发展”，并强调要“以增强综合承受能力为重点，以特大城市为依托，形成辐射作用大的城市群，培育新的经济增长极”。

2009 年 12 月，中共中央、国务院《关于加大统筹城乡发展力度进一步夯实农业农村发展基础的若干意见》（2010 年中央“一号文件”）明确提出，要加快城镇化步伐，提高城镇综合承载能力。2010 年中央“一号文件”要求推进城镇化发展的制度创新，要积极稳妥推进城镇化，把加强中小城市和小城镇发展作为重点；深化户籍制度改革，促进符合条件的农业转移人口在城镇落户并享有与当地城镇居民同等的权益；多渠道多形式改善农民工居住条件，鼓励有条件的城市将有稳定职业并在城市居住一定年限的农民工逐步纳入城镇住房保障体系；

采取针对性的措施，着力解决新生代农民工问题；统筹研究农业转移人口进城落户后城乡出现的新情况、新问题。

城镇化率反映了人口向城市聚集的过程和程度。城镇化率通常被当作一个国家或地区经济发展的重要标志。一般而言，城镇化率越高，这个国家或地区的经济发展水平越高。我国的城镇化率是用市人口和镇驻地聚集区人口占全部人口的百分比来表示的。这里需要注意的是，城镇化率并非是城镇户籍人口占全部人口的百分比。我国的城镇化率在 2002 年仅为 39.1%，在党的十六大、十七大的全盘布局下，城镇化率以年均 1.35%的速度提高，2011 年城镇化率已达到 51.27%，我国居住在城市与镇驻地的人口首次超过居住在农村的人口，达到 6.9 亿人。

我国早期城镇化在经济、政治、社会与文化等各方面取得了较大成就。城镇化在一定程度上打破了计划经济体制下形成的城乡二元分割局面，农村人口可自由进入城市工作与生活，户籍制度所带来的身份差异正在逐渐缩小；城镇化促进了各项社会制度与社会政策的建立和完善，农村社会保障制度包括养老保险制度与医疗保险制度在城镇化过程中逐步建立和完善，等等。

(二)“城镇化”发展的主要问题

受现行城乡分割的户籍管理、土地管理、社会保障制度以及财税金融、行政管理等体制机制制约，早期城镇化在发展过程中出现了一些亟待解决的问题。

1. 农业转移人口融入城市比较困难，市民化进程滞后。受城乡分割的户籍制度影响，虽然农民工已经成为我国产业工人的主体，但被统计为城镇人口的 2.34 亿农民工及其随迁家属，在教育、就业、医疗、养老、保障性住房等方面仍未享受城镇居民的基本公共服务，户籍城镇化率与常住人口城镇化率之间存在着较大差距，且这一差距正在日益扩大。2012 年，我国的户籍人口城镇化率为 35.3%，而常住人口城镇化率为 52.6%，二者之间相差 17.3%；2014 年，我国的户籍人口城镇化率为 35.9%，常住人口城镇化率为 54.8%，二者之间的差距拉大到 18.9%。大量农业转移人口在城镇工作和生活，但却享受不到城镇居民的基本公共服务，成为游离在城镇与农村之间的第三个群体。这种现象不仅导致城镇内部出现新的二元矛盾，农村留守儿童、妇女和老人的问题也日益凸显，给经济稳定和社会和谐带来较大风险。

2. 土地城镇化快于人口城镇化，土地粗放式无序开发利用导致土地资源浪费严重。据统计，2000～2011 年，我国城镇建成区面积增长 76.4%，而城镇人口的增长速度仅为50.5%，城镇大量建成的房屋无人居住，形成所谓的“鬼城”；同期农村人口虽在数量上减少了1.33亿人，但农村居民用地却增加了3045万亩，这反映出农业转移人口仍然不愿也不能放弃农民居民用地的现实困惑。地方政府过度依赖土地出让收入和土地抵押融资，不仅加剧了土地的粗放利用，浪费了大量的耕地资源，导致政府与被征地农民的矛盾加深，而且威胁到国家粮食安全和生态安全，也加大了地方政府性债务等财政金融风险。

3. 城市管理服务水平不高，“城市病”尤其是大中城市的“城市病”日益严重。由于我国在早期城镇化中对城市发展缺乏有效规划，一些城市空间无序开发，大中城市因在人才、资源、基础设施等方面占据较多优势而吸引过多人口集聚，同时城市在发展过程中重经济发展而轻环境保护，重城市建设而轻管理服务，导致城市生态环境迅速恶化，交通拥堵问题严重。反之，一些中小城市则由于发展条件有限而难以吸引人才与资源集聚，中小城市的发展潜力受到限制。

4. 片面追求城镇发展，农村发展潜力被掏空。城镇化建设需要而且吸引了大量农业转移人口进入城镇，农业转移人口以20～50岁的青壮年为主，留在农村的大多是劳动技能相对较差的老人、妇女与儿童，农村的生机与活力日益衰败，未来发展严重受限。政府对农村教育、卫生、交通等基础设施建设投入的相对不足更进一步加剧了农村的衰落，农村的水污染、大气污染与土壤污染等环境问题也日益严重。

5. 城镇建设缺乏实体经济支撑，千城一面现象较为严重。城镇化建设的初衷在于吸引人才与资源的集聚，通过集聚带动城镇的经济发展。但是，人才与资源的集聚需要以实体经济作为支撑，并且不同城镇需要不同的实体经济基础。但我国在早期城镇化过程中，过于注重城镇本身的建设而忽视了对实体经济的投入，许多城镇由于缺乏实体经济支撑而难以继续发展。大拆大建的早期城镇化同时对自然历史文化遗产造成了严重破坏，部分城市贪大求洋，照搬照抄，脱离实际建设国际大都市，城市本有的自然和文化个性被破坏。一些农村照搬城市小区模式建设新农村，传统民居和田园风光难以再现，乡土特色和民俗文化严重流失。

二、“新型城镇化”的发展历程

城镇化建设虽然取得了一定成就，但建设过程中也暴露出许多问题。这些问题如不加以妥善解决，将危及经济发展与社会稳定。因此，新一届领导集体提出了“新型城镇化”概念。以“新型城镇化”取代“城镇化”，不仅是名称的变化，更是城镇化发展理念、方向、道路与目标的变化。新型城镇化更加注重人本色彩，强调“人的城镇化”而非“土地的城镇化”，注重实体经济对城镇化的支撑，突出城镇化是自然演进、有效引导而非突击猛进、政府推动的城镇化。原有“城镇化”存在的大规模征地与造城、“被逼上楼”“看不见乡愁”等问题都得到较好解决。

2012 年，党的十八大强调，要坚持走中国特色的新型城镇化道路，推动工业化和城镇化良性互动、城镇化和农业现代化相互协调，促进工业化、信息化、城镇化、农业现代化同步发展。2013 年，李克强总理多次强调，新型城镇化是以人为核心的城镇化。党的十八届三中全会提出：“完善城镇化健康发展体制，坚持走中国特色新型城镇化道路，推进以人为核心的城镇化，推动大中小城市和小城镇协调发展。产业和城镇融合发展，促进城镇化和新农村建设协调推进。”中央城镇化工作会议要求：要以人为本，推进以人为核心的城镇化，提高城镇人口素质和居民生活质量，把促进有能力在城镇稳定就业和生活的常住人口有序实现市民化作为首要任务。

2014 年 3 月 16 日，中共中央、国务院发布《新型城镇化发展规划(2014～2020 年)》。该规划指出，城镇化是伴随工业化发展，非农产业在城镇集聚、农村人口向城镇集中的自然历史过程，是人类社会发展的客观趋势，是国家现代化的重要标志。规划要求，紧紧围绕全面提高城镇化质量，加快转变城镇化发展方式，以人的城镇化为核心，有序推进农业转移人口市民化；以城市群为主体形态，推动在中小城市和小城镇协调发展；以综合承载能力为支撑，提升城市可持续发展水平；以体制机制创新为保障，通过改革释放城镇化发展潜力。规划确定城镇化发展的基本原则是：以人为本，公平共享；四化同步，统筹城乡；优化布局，集约高效；生态文明，绿色低碳；文化传承，彰显特色；市场主导，政府引导；统筹规划，分类指导；城镇化水平和质量稳定提升；城镇化布局更加优化；城镇化发展模式科学合理；城市生活和谐宜人；城镇化体制机制不断完善。《新型城镇化发展规划(2014～2020 年)》是今后一个时期指导全国城镇化健康发展的宏观性、战略性、基础性规划。

由于特殊的历史原因，我国的户籍问题一直阻碍着城镇化发展。2014 年 7 月，国务院出台了《关于进一步推进户籍制度改革的意见》，提出要有序推进农业转移人口市民化，推动户籍制度改革，实行不同规模城市差别化落户政策。

户籍制度的破冰加速了新型城镇化建设的推进。截至 2014 年末，我国城镇常住人口为 74916 万人，比 2013 年末增加 1805 万人，城镇化率达到 54.77%，提前完成了“十二五”规划纲要中提出的“城镇化率要提高 4 个百分点”的目标。

工业革命以来的经济社会发展史表明，一个国家要成功实现现代化，在工业化发展的同时，必须注重城镇化发展，城镇化是工业化发展的载体和平台。正如中央城镇化工作会议所说：城镇化是现代化的必由之路。推进城镇化是解决农业、农村、农民问题的重要途径，是推动区域协调发展的有力支撑，是扩大内需和促进产业升级的重要抓手，对全面建成小康社会、加快推进社会主义现代化具有重大现实意义和深远历史意义。当前的中国正处在经济转型升级与加快推进社会主义现代化的重要时期，正确的新型城镇化发展道路与发展目标，能够提高劳动生产率，有效破解城乡二元结构，促进社会公平，实现社会和谐。因此，我国应该在肯定传统城镇化成绩前提下认真总结传统城镇化存在的矛盾和问题，按照《新型城镇化发展规划(2014～2020 年)》的布局，全面贯彻以人为本的核心理念，促进城乡和谐发展，推动社会主义现代化的实现。

第二节　社会保障制度的发展历程

1949 年新中国成立之后，社会保障制度建设提上日程。1951 年，政务院颁布《劳动保险条例》。该条例对工伤、养老等社会保险待遇作了规定，重点是保护雇佣劳动者的健康，目的是减轻雇佣劳动者生活中的特殊困难。该条例的颁布标志着我国社会保障制度的初步建立。此后，随着国内社会经济形势的变化和社会保险制度改革的推进，我国社会保障法律制度也经历了多次调整。1994 年，全国人大常委会公布《劳动法》。该法第九章“社会保险和福利”对社会保险的国家责任、保险水平、资金来源、保障内容、保险基金的经办与监督等作出原则性规定，为现代社会保障制度的建立奠定了基础。作为公民的基本权利，我国宪法第 14 条、44 条、45 条对社会保险作出了明确规定。宪法的规定是社会保障领域各项法律、法规、政策或文件的基本依据。2010 年，全国人大常委会公布《社会保险法》。该法是在我国社会保障制度已经建立运行五十余年的基础上形成的，其颁布实施标志着我国社会保障制度建设已经进入法治轨道。受计划经济体制影响，我国社会保障制度经历了长达六十余年的城乡二元分立的历史阶段，现在则处于城乡一体化发展的崭新阶段。

一、城乡社会保障制度分立阶段(新中国成立之后至党的十八大之前)

新中国成立后,经历过长期战乱的中国经济发展落后,政治形势不稳,工业基础薄弱。为了发展城市工业,促进经济发展,提高国家实力,国家不得不从贫瘠的农村与凋敝的农业中获取经济发展所需的资本积累。当时的现实状况埋下了城乡二元分立、牺牲农村成就城市的种子,并且延续至今。国家为公民提供的社会保障制度有了城市与农村的差别,城市居民享受着越来越完善的社会保障,而农村居民则几乎没有任何社会保障。更为重要的是,城乡社会保障的差异是顶层制度设计时就存在的,农村社会保障在制度的名义下被长期忽略。比如,新中国成立初期颁行的《劳动保险条例》的适用对象就仅为雇佣劳动者,以耕种土地为生且不得自由迁移的农民显然不符合享受社会保障待遇的条件。

进入 90 年代,由于人口老龄化和企业经营机制的转变,城镇养老保险制度和医疗保险制度进行改革,并先后建立了失业保险制度、工伤保险制度和女工生育保险制度以及"两个确保"措施和"三条保障线"政策,并为城市贫困居民建立了最低社会保障制度。虽然民政部曾于 1991 年在部分地区试点农村养老保险制度,但 1998 年即因机构改革而告结束,农村社会保障制度仍只包括五保供养、低保、特困户基本生活救助与优抚安置等社会救济与社会优抚项目,不包括失业保险、工伤保险与生育保险等社会保险与社会福利项目。

21 世纪之后,党和国家开始关注农村、农民与农业问题。为了解决农村居民看病问题,2003 年我国开始实施新型农村合作医疗制度,2007 年我国开始建立农村最低生活保障制度。2008 年提出,"鼓励各地开展农村养老保险试点",2009 年提出,"积极探索建立新型农村社会养老保险制度,农民工、被征地农民社会保障工作稳步推进,全面加强城乡居民最低生活保障制度建设"。

从社会保障的发展历程可以看出,我国社会保障制度从城市起步,从职工最迫切需要的工伤与养老保险制度着手,首先在城市逐渐扩大涵盖范围,提高保障水平,并逐渐扩展至农村,总体上城乡社会保障制度都是日趋完善的。但是,由于仍然坚持原有的城乡二元分割传统,社会保障制度在设计之初就对适用范围作了明确限定,因而农村社会保障不仅在保障项目与保障待遇上无法与城镇社会保障相比,而且城乡社会保障制度之间的截然对立导致二者之间缺乏必要且必需的融通流动渠道。城乡社会保障制度的分立差异不仅阻碍了城乡居民之间的流动，而且使进城务工人员无法真正融入城镇体系，因而是不适应新型城镇化要求的。

二、城乡社会保障制度融合阶段(党的十八大之后)

虽然城市已经建立起相对较为完善的养老、医疗、工伤、失业与生育等社会保障制度，但总体上仍然存在覆盖范围有限、缴费高、水平低、统筹层次低、保险基金管理运营不善等问题。农村的养老与医疗保障制度基本上在最低层面上运转，保障水平较低，参保人数很少，统筹层次仅为市县级。城乡社会保障制度的低水平运转不足以为城乡居民提供基本的生存生活保障，城乡的分离与差异也阻碍了城乡居民的流动。统一城乡社会保障制度、提高社会保障水平，既是城镇化发展到一定阶段之后的必然要求，又是促进新型城镇化发展的基本条件。自 2012 年以来，我国不仅在政策文件层面将城乡社会保障制度的统一纳入了日程，而且在实践层面也从城乡居民基本养老保险与医疗保险制度着手，推动城乡社会保障制度的统一，城乡居民养老保险与医疗保险在制度整合方面有了质的飞跃，并且居民养老保险与医疗保险涵盖人群持续增加，保障范围不断扩大，保障水平连年提高。

2012 年 6 月，人力资源社会保障部、发展改革委、民政部、财政部、卫生部、社保基金会制定《社会保障"十二五"规划纲要》。该纲要首先指出："社会保障与人民幸福安康息息相关，事关改革开放和社会主义现代化事业全局。"而且指明："十二五"时期是实现"到 2020 年基本建立覆盖城乡居民的社会保障体系"目标的关键时期。《社会保障"十二五"规划纲要》提出，社会保障制度建设的基本要求是：(1)更加注重保障公平。充分发挥社会保障再分配的调节功能，把人人享有基本社会保障作为优先目标，基本解决制度缺失问题，使人民群众都有享有相应的基本社会保障制度安排；逐步提高社会保障水平，使其与经济发展水平相适应；协调平衡各项社会保障制度的待遇水平，逐步缩小相关群体的保障水平差距，使广大人民群众平等共享经济社会发展成果。(2)更加注重统筹城乡发展。以农民、农民工、被征地农民、城市无业人员和城乡残疾人等群体为重点，以促进城乡统筹、更好适应流动性要求为目标，加快社会保障制度整合，提高统筹层次，推进制度规范，完善政策体系，做好各类制度的衔接和社会保险关系的转移接续工作，努力清除影响就业人员和享受各类社会保障待遇的障碍，维护参保人员权益。

2012年12月，党的十八大报告高度重视社会保障工作，社会保障在党的纲领性文献中的地位空前提高。十八大报告提出，社会保障的目的就是要“保证社会和谐稳定”，“加强社会建设必须以保障和改善民生为重点”。十八大报告提出，十年来“社会保障水平迈上一个大台阶”，说明了党对社会保障的重视；将“企业退休人员基本养老金持续提高”与改善民生、扩大就业、居民收入较快增长等重要内容并列。该条内容主要针对企业退休人员养老金较低的现实情况，在党的纲领性文件中体现党和国家对这一问题的关注。十八大报告还明确提出“统筹推进城乡社会保障体系建设”，提出社会保障的基本方针是“坚持全覆盖、保基本、多层次、可持续”，体系特征是“以增强公平性、适应流动性、保证可持续性为重点，重点建成覆盖城乡居民的社会保障体系”；提出要“健全社会保障经办管理体制，建立更加便民快捷的服务体系”，“整合城乡居民基本养老保险和基本医疗保险制度”，并提出了养老保险全国统筹、调整机制与社会保障基金的多元筹措、保值增值等问题。

2013年，党的十八届三中全会提出，让发展成果更多更公平惠及全体人民，要完善城镇化健康发展体制机制，“坚持走中国特色新型城镇化道路，推进以人为核心的城镇化，推动大中小城市和小城镇协调发展、产业和城镇融合发展，促进城镇化和新农村建设协调推进”①。

2014年2月，国务院印发《关于建立统一的城乡居民基本养老保险制度的意见》，部署在全国范围内建立统一的城乡居民基本养老保险制度。该意见提出：“到‘十二五末’，在全国基本实现新农保和城居保制度合并实施，并与职工基本养老保险制度相衔接；2020年前，全面建成公平、统一、规范的城乡居民养老保险制度。”与之相应，人社部、财政部联合印发《城乡养老保险制度衔接暂行办法》，主要从两项制度的衔接时点、衔接方式、资金转移、待遇领取、经办规程等方面作了统一规定。

自2012年以来，我国对城乡社会保障制度的统筹规划取得了显著成效。据人社部统计：2012年末，城乡居民养老保险参保人数为48370万人，比2011年增加15187万人；2013年底，全国参加城乡居民养老保险的总人数达到49750万人，比2012年底增加1381万人。

---

① 《中共中央关于全面深化改革若干重大问题的决定》，人民出版社2013年版，第24页。

第三节　新型城镇化对社会保障法律制度建设的需求

一、新型城镇化对法律制度建设的需求

城镇化是指农村人口转化为城市人口的过程。从其他国家两百多年的城镇化发展进程来看，城镇化水平与一个国家的经济发展水平之间存在着正相关关系，即城镇化水平越高，经济发展水平越高。大多数经济发达国家的城镇化水平都超过 70%，有的甚至超过 90%，我国的城镇化水平刚刚超过 50%，正处于城镇化的稳步推进与快速发展阶段。我国的城镇化发展不仅关系到国内经济发展水平与社会稳定程度，而且与世界经济发展与和平稳定都有着密切的关系。正如诺贝尔经济学奖得主、美国哥伦比亚大学经济学教授斯蒂格利茨所说，21 世纪中国的城镇化将对世界产生极大的影响。

由于历史的、体制的原因，原来的城镇化发展过程暴露出农民工融入城市较为困难、东中西部与大中小城镇发展不均衡、过度依赖土地支持导致土地利用粗放等问题。十八大提出的新型城镇化强调以人为核心的城镇化，以人为核心的城镇化要求尊重人权，保障城乡居民的经济、政治、社保等各项权利。无论是解决原有城镇化存在的问题，还是推进新型城镇化建设，都需要具备公平、正义、公正、公开内涵的法律保驾护航。

人类社会的发展历史证明，法制的发展是社会发展、文明进步的标志。韩非子说："国无常强，无常弱。奉法者强则国强，奉法者弱则国弱。"邓小平同志在总结中国"文化大革命"前国家政治生活的民主没有制度化、法律化的教训时，曾多次反复强调要"完备法制"。实践证明，唯有依靠法治，依靠宪法和法律体系，才能凝聚共识和力量，保证中国社会的可持续发展与稳定。党的十一届三中全会以来，我国的法制建设取得了显著成就。为解决"无法可依"的问题，我国制定了大量民事、刑事、行政、涉外等方面的法律法规，至 2011 年，我国已经建成有中国特色的社会主义法律体系。我国还从治国理政角度提出要"依法治国"。1997 年，党的十五大正式提出"依法治国，建设社会主义法治国家"；1999 年，宪法修正案又把"中华人民共和国实行依法治国，建设社会主义法治国家"写入宪法；2002 年，党的十六大把依法治国列为社会主义民主政治建设的重要内容和目标；2012 年，党的十八大对全面推进依法治国作出全面战略部署，强

调把法治作为治国理政的基本方式;2014 年,党的十八届四中全会历史上首次以依法治国作为专题,并通过了《中共中央关于全面推进依法治国若干重大问题的决定》。实践证明,依法治国是发展社会主义市场经济的客观需要,是社会文明进步的重要标志,是建设中国特色社会主义文化的重要条件,是国家长治久安的重要保障。

新型城镇化是我国在经济和社会领域开展的重大改革,核心是以人为本,其内容不仅仅是将农村人口转变为城镇人口,而是一个包括土地、户籍、住房、教育以及社会保障等制度改革在内的综合性改革。新型城镇化进程中的每一项改革都与亿万人民群众的切身利益密切相关,每一项改革都会影响到我国经济的发展与社会的稳定,因此新型城镇化必须在法治的轨道上进行。而且,现代法治已经具有了新的时代意义,即"法已不再被看作单纯的解决纠纷的手段,而逐渐被公民甚至法学家们视为可用于创造新型社会的工具"①。法律既是新型城镇化行进在正确道路上的基本保障,又是新型城镇化贯彻以人为核心取得创新性发展的基本保障。"法治是以人为核心、完善和满足人类自身需要的价值追求,法治的价值在于对人创造和享用价值的关怀,特别是对人享用价值的尊重,以及对确立人作为创造价值活动目的地位的重大意义。"②

习近平总书记强调:"凡属重大改革都要于法有据。在整个改革过程中,都要高度重视运用法治思维和法治方式,发挥法治的引领和推动作用。"③国内学者亦认为,"无论是破除妨碍科学发展的体制机制弊端,还是加快政治体制改革,无论是加快完善文化管理体制经营机制,还是形成科学有效的社会管理体制,抑或是加快建立生态文明制度,都强调了法治的重要性,法治贯穿了改革发展的全过程,覆盖了经济政治文化社会生态建设的全领域……法治不仅是所有改革的有力保障,更是深化改革推动科学发展的共识,必须长期坚持,而且应当成为我们党的基本执政方式,成为领导干部的思维方式"④。

因此,法治是新型城镇化建设的必然要求,新型城镇化需要法治的引领和推动。

---

① [法]勒内·达维德:《当代主要法律体系》,漆竹生译,上海译文出版社 1984 年版,第 378 页。

② 李友谊:《法治的价值在于对人的价值的关怀》,载《五邑大学学报(社会科学版)》2010 年第 1 期。

③ 习近平:《凡属重大改革都要于法有据》,载 2014 年 3 月 1 日《新京报》。

④ 马怀德:《法治是未来改革发展的最大共识》,载《法治资讯》2012 年第 11 期。

二、新型城镇化对社会保障法律制度建设的需求

社会保障，是国家和社会通过立法对国民收入进行分配和再分配，对社会成员特别是生活有特殊困难的人们的基本生活权利给予保障的社会安全制度。社会保障具有维护社会稳定、促进经济发展、保证社会公平正义、增进公民福利的作用，历来是国家的“安全阀”与“减震器”。社会保障不仅是国家所必须承担的义务与责任，是经济发展和社会稳定的需要，还是每个公民所享有的基本权利，是人权保障的重要内容，是社会进步的体现。我国《宪法》第45条明确规定了公民的社会保障权利与国家的社会保障责任，即“中华人民共和国公民在年老、疾病丧失劳动能力的情况下，有从国家和社会获得物质帮助的权利。国家发展为公民享受这些权利所需要的社会保险、社会救济和医疗卫生事业”。由此可知，社会保障权益是宪法赋予公民的基本权利，应该而且必须通过健全完善的社会保障法律体系建设保障公民社会保障权益的实现。但在实践中，即使在城镇化建设开始之后，我国城乡社会保障制度设计仍然不统一，社会保障法律体系仍然不完善，因而进城农民在城镇的生活和工作不可避免地遭遇种种困难，实际上阻滞了城镇化的进程。

《社会保障“十二五”规划纲要》已经提出，从“加强社会保障法制建设”与“加强社会保障国际交流与合作”两个方面完善我国的社会保障法律制度建设。该纲要要求：“认真贯彻《社会保险法》和《工伤保险条例》，修订《失业保险条例》和《社会保险费征缴暂行条例》，制订医疗保险、养老保险、社会保险经办管理服务和基金监督等法规，以及与法律法规相配套的部门规章。加快社会救助法和慈善法立法进程，建立养老服务准入、退出和监管制度，构建完善的社会保障法律体系。”“加强社会保障领域双边、多边合作，适时批准适合我国国情的社会保障国际公约，积极参与国际劳工公约和建议书等国际劳工标准的制订。通过双边谈判，签订双边社会保险互免协议。立足国情，学习借鉴国际社会保障管理服务经验，提高处理和解决实际问题的能力，加强社会保障对外宣传”。

社会保障法律制度的健全完善是新型城镇化建设的基础，新型城镇化是以人为本的城镇化，这就需要学习其他国家城镇化与社会保障制度建设的经验，纠正原有城镇化的偏颇。只有通过立法建立起城乡统一的社会保障制度，才能为进城农民提供安全保障，为城镇与农村的协调发展奠定基石。

（一）我国原有城镇化没有解决城乡社会保障一体化问题

受计划经济时代城乡二元分离体制影响，我国城乡社会保障制度存在着巨

大差异，农村社会保障制度不仅在建立时间上晚于城镇，而且在保障项目与待遇水平等方面都少于或低于城镇社会保障。在原有城镇化发展过程中，城乡社会保障在法律与政策的名义下实行着截然不同的制度。原有城镇化只是希望吸引更多的农村居民进入城镇工作并为城镇发展做出贡献，却忽略了农村的可持续健康发展，忽略了进城农民与仍然留在农村的农民的社会保障问题。对于已经习惯了“日出而作，日落而息”并视土地为命根子的绝大多数中国农民来说，城镇化不仅意味着生产与生活方式的根本改变，而且进入城镇的生存与生活都面临着更多的不确定因素，因而需要更多的安全保障，这就需要通过完善的社会保障制度满足其基本安全需求。但是，户籍身份的差异使得进城农民不能够享受到相对较为完善的城镇社会保障待遇，农民也就难以真正华丽变身为城镇居民。对于仍然留在农村的居民而言，随着经济的发展与社会的变迁，有限的土地能够为其提供的养老、医疗等保障功能已大大减弱，国家本来就有责任为所有国民提供的基本养老与医疗保障在农村仍然进展缓慢。新型城镇化是城乡一体化、和谐发展的城镇化，社会保障制度的一体化则是城乡一体化的基础和前提。因此，新型城镇化建设要求制定新的社会保障法律，通过顶层法律制度设计消除城乡社会保障存在的制度差异。

自 2012 年新型城镇化开始之后，我国在整合统一城乡社会保障制度方面做出了积极的努力。城乡居民养老保险方面，2014 年国务院 8 号文件明确要求，在“十二五”末，在全国基本实现新型农村社会养老保险与城镇居民社会养老保险的合并实施，并与职工基本养老保险制度相衔接；2020 年前，全面建成公平、统一、规范的城乡居民养老保险制度。城乡居民医疗保险方面，虽然全国性政策规定尚未出台，但地方层面的制度并轨即将实现或已经实现。如 2012 年，山东省东营市出台的《东营市城乡居民基本医疗保险暂行办法》规定，整合全市城镇居民医疗保险和新型农村合作医疗保险，建立统筹城乡居民基本医疗保险制度。2015 年福建省出台的《关于城乡居民基本医保政策一体化的实施意见》规定，年内福建省将实现城乡居民基本医疗保险设区市统筹，各统筹区内实行统一参保、统一缴费和统一结算等。

（二）社会保障法律制度不健全，不能适应新型城镇化的要求

社会保障法律制度是各国法律体系的重要组成部分。作为社会法领域的独立法律部门，社会保障法律制度具有极端重要性，因为国家对社会成员的社会保障待遇与标准只有通过立法才能加以确定，国家对需要保护的特殊群体给

予的帮助只有通过法律制度才能得以强制施行。从总体上看,我国现有社会保障法律制度存在立法不健全、立法层次低与法律实施机制薄弱等问题。

虽然我国宪法对社会保障制度作出了原则性规定,2010 年全国人大常委会制定了《社会保险法》,但除此之外,通过全国人大及其常委会立法的只有《残疾人保障法》《妇女儿童权益保障法》等几部特殊群体法律,通过国务院立法的只有《军人抚恤优待条例》《女职工劳动保护条例》《失业保险条例》与《城市居民最低生活保障条例》等。大量的社会保障项目如养老保险、医疗保险及生育保险等停留在部门规章或行政命令的层次上。同时,由于我国各地经济、社会发展不均衡,大量的社会保障项目停留在地方统筹(大部分为市级统筹,少部分为省级统筹)层面,因而各个地方均出台了内容不同的地方性法规或地方规章。而且,大多数的社会保障法律法规或政策性文件往往以户籍为依据对城镇与农村居民作了严格区分,从制度上造成城乡社会保障的不统一不规范。部门规章、地方性法规规章以及政策性文件的大量存在,使得社会保障制度的立法层次太低,立法层次低又产生了法律效力低与法律实施机制薄弱等问题。我国现有的社会保障法律法规中,普遍缺乏法律责任与法律制裁措施,因而社会保障法律法规难以充分发挥效力。现实中大量的社会保障纠纷,由于法律责任条款的缺失而难以通过司法或仲裁途径解决。社会保障制度的筹资机制、保障机制、管理机制、运行机制与监督机制都不健全,因而经常发生社会保障基金被挪用侵占、骗取社会保险费或者拖欠社会保险费的案例,保险基金的运营也处于不安全状态。

社会保障法律制度存在的数量少、层次低、效力差、实施难、条块分割等问题,在新型城镇化进程中必须妥善解决。理想的社会保障法律体系应该是一个以宪法为依据、以社会保障基本法为母法、各个社会保障项目为子法,并载有严格的法律责任条款与法律实施机制的自上而下、相互衔接的和谐整体。

(三)城市化进程中注重社会保障法律制度建设是其他国家的共同经验

城市化的目的在于促进经济发展、社会进步与人类文明,但城市化发展中个人所面临的养老、医疗、失业、工伤等风险都明显提高,社会保障制度建立的目的就是通过共济与互助模式预防和降低个人所面临的各种风险,而社会保障制度的建立必须依赖稳定性与效力性俱佳的法律才能达成。社会保障法律制度既是社会保障制度的主体,又是推动城市发展的基石和保障。因此,韩国、英国、德国、美国、日本等城市化程度较高的国家都非常注重社会保障法律制度建设,并在拉开城市化大幕之初就颁行各种社会保障法律。比如,德国早在 19 世纪80年代就颁布了《医疗保险法》《工伤事故保险法》与《伤残和养老保险法》；日本在20世纪初期制定《工厂法》《健康保险法》与《退职金及退职津贴法》等；韩国在20世纪60年代先后颁布实施了《儿童福利法》《孤儿收养特例法》以及关于孤儿监护人的法、沦落行为等的防止法、更生保护方面的法等社会保障法律。可以说，立法先行是各个国家城市化与社会保障法律制度建设的共同经验。重视并且依靠完善的社会保障法律制度建设，各个国家的城市化才有了坚实的后盾，并得以长远健康发展。

第二章

新型城镇化中社会保障法律制度的功能

所谓社会保障，是以国家为责任主体，通过国民收入的分配与再分配等形式，对暂时或永久性丧失劳动能力以及因其他原因造成生活困难的公民给予基本生活保障，并逐步增进全体社会成员的物质和文化福利，保持社会安定，促进经济增长和社会进步。

关于社会保障制度的功能，我国学者从不同视角出发，存在“权利保障说”“经济分配说”“安全机制说”“社会保险说”“社会责任说”等不同的定位。这说明社会保障制度具有保障权利、维护稳定、促进发展等传统功能。新型城镇化建设引发农村人口向城镇流动，城乡二元分割体制逐渐走向融合，经济结构与社会结构调整加速，生产与生产方式变化巨大，而国民面临的养老、医疗、工伤、失业等社会风险也越发突出。以人为本的新型城镇化建设是城乡协调发展的城镇化，是城乡居民公平分享社会发展成果的城镇化，是城乡居民享受更高福利待遇的城镇化，这就对社会保障制度提出了维护社会公平与增进国民福利的更高功能要求。

第一节　社会保障法律制度的传统功能

一、保障基本生活

所谓社会保障的保障功能，是指通过特定的制度安排（诸如收入补偿、支出补偿以及互助互济等），为因各种原因而导致收入中断或收入减少的社会成员提供基本的生活保障，使这些社会成员免于陷入贫困。生存权与发展权是公民的基本权利。社会发展需要每个社会成员的共同参与，但总有社会成员因先天禀赋与后天机遇（如年老、疾病、工伤、失业、生育或自然灾害等）差异而沦为社会弱势群体，无法实现最基本的生存权利。在现代社会，保障公民的基本生活，使每个社会成员享有最为基本的权利——生存权利，是建立社会保障制度的直接目的。① 社会保障制度产生与发展的历史也表明，维护弱势群体的生存权利，保障弱势群体的基本生活，是任何一个国家都必须承担的责任，也是社会保障制度最基本和最重要的功能。个人享有参与政治、经济、社会和文化发展并公平享有发展所带来的利益的权利，在作为第一人权的生存权得到保障基础上，保障个人的发展权成为社会保障制度的重要内容。无论是生存权还是发展权，对应的义务主体都是国家，国家有责任通过建立完善的社会保障制度为国民提供基本的生活保障，保障国民公平分享改革发展的成果。

二、维护社会稳定

社会主义国家的本质是解放生产力和发展生产力，消灭剥削，消除两极分化，最终实现共同富裕。社会保障是社会主义国家实现共同富裕目标的一项重要手段。社会保障制度的完善与否直接关系到社会的稳定与否。从公安部多年的社会治安形势通报可以看出，我国的杀人、强奸、放火、爆炸等严重影响群众安全感的恶性犯罪案件有较大幅度下降，但抢劫、抢夺、盗窃等侵犯财产的违法犯罪现象却始终较为严重，这说明仍然有很多人的经济实力较差，且无法通过正常渠道获得必要的财产支持，因而只能诉诸违法或犯罪手段谋取经济利益。而且，影响社会治安的群体以下岗失业职工、进城务工农民及青少年为主，大多数社会治安案件为财产型纠纷，许多案件具有群体化倾向，纠纷责任人大多经济状况较差，没有被纳入社会保障体系或者仅享受到极低的社会保障待遇。由此可知，贫富差距和贫穷是影响社会治安的主要原因，当贫困的农民、无法就业的学生和失业的工人等弱势群体的基本生存与生活需求不能得到满足时，就有可能转化为社会的不稳定因素。从另一个角度看，每个人都有追求幸福生活的权利，如果这种权利得到了充分的保障，人们就没有理由通过违法犯罪的方式发泄不满，而当最基本的权利被忽略或无法实现时，就有可能通过极端手段表达不满。我国通过制定法律、出台政策、投入资金等方式建立健全十

① 参见樊小钢、陈薇：《公共政策：统筹城乡社会保障》，经济管理出版社 2013 年版，第 1 页。

三亿人口的社会保障制度，就是要为人民提供最基本的生存生活保障，并在满足基本生存生活保障基础上不断提高人民的社会保障待遇，使每个人都能通过辛勤劳动创造美好生活，实现人生价值。因此，建立健全社会保障制度对于维护社会稳定具有举足轻重的重要作用。

三、促进经济发展

一般说来，社会保障制度的完善与否与一国的经济发展水平是成正比的，经济水平越高的国家越重视社会保障制度的健全完善，其国民所享有的社会保障水平就越高；社会保障水平越高的国家，国民的幸福感与安全感越强，也就越愿意为国家与社会做出更大的贡献，从而又促进了经济的进一步发展。我国在经济已经取得较大发展的基础上越来越重视社会保障体系的建设。近几年来，无论是城市还是农村都进行了养老保险、医疗保险等方面的制度改革，越来越多的居民进入社会保障体系，社会保障制度的健全完善促进了我国经济的进一步发展。首先，劳动者在丧失经济收入或劳动能力的情况下，通过完善的社会保障体系能够获得维持自身及其家庭成员基本生活需求的帮助支持，这样就可有效避免许多突生变故的家庭“一夜回到解放前”，保证劳动力再生产进程不致受阻或中断。如医疗保险的建立健全就大大减少了“因病致贫”或“因病返贫”现象。其次，完善的社会保障制度使人们能够预期今后生活的稳定性与可靠性，保证人们放心大胆地从事各种工作，从而创造更多社会价值。同时，国家还通过生育、抚育子女和教育津贴等形式对劳动力再生产给予资助，也提高了劳动力资源的整体素质。

第二节 新型城镇化中社会保障法律制度的重要功能

一、保持社会公平

社会保障制度的建立健全可以有效保证社会的公正公平。公正公平是任何一个时代任何一个国家任何阶层的居民都追求的价值目标，中国自古以来即有“不患寡而患不均”的观念，并且这种观念影响至今。公平本身分为机会公平与结果公平之分，机会公平不意味着结果公平，结果公平也不以机会公平为起始点。市场经济是提倡自由竞争的经济，任何人都有机会参与到市场竞争中来，这是机会的公平。但是市场经济的过度自由必然导致结果的不公平，国家如果不对结果的不公平进行及时有效的调整，这种不公平的结果将会影响市场经济的持续健康发展。因此，国家通过建立健全社会保障制度，为自由竞争的市场经济建立牢固的基础。新型城镇化建设是对传统生产与生活方式的巨大变革，人们在生活变革与利益调整过程中面临着更大的风险，对社会公平提出了更高的要求。因此，社会保障制度必须以新型城镇化建设需求为依据，充分发挥调节收入分配的作用，维护社会公平正义。社会保障制度的保持社会公平的作用主要表现在两个方面：一是通过保障全体社会成员的基本生活，在一定程度上消除社会发展过程中因意外灾害、失业、疾病等因素导致的机会不均等，使社会成员在没有后顾之忧的情况下参与市场的公平竞争；二是通过在全体社会成员之间的风险共担，实现国民收入的再分配，缩小贫富差距，减少社会分配结果的不公平。

二、增进国民福利

新型城镇化建设的核心是“以人为本”，根本目标是要通过发展生产力努力满足人民群众日益增长的物质文化需要，并最终建成社会主义和谐社会。构建和谐社会要求经济与社会的协调发展，要求全体人民共享经济社会发展成果。因此，现代社会保障不仅承担着“救贫”和“防贫”的责任，而且还要为全体社会成员提供更广泛的福利津贴、基础设施和公共服务，使人们尽可能充分地享受经济和社会发展成果，不断提高物质生活和精神生活的质量。促进国民福利，是现代社会保障在实现救贫防贫目标之后对社会保障所提出的更高层次的价值目标。它的作用在于保障人们“体面的生存与生活”，这也是现代社会保障所必须承担的责任。目前，我国社会保障制度建设的价值目标仍然处于救贫防贫阶段，国家与各省市都应首先花大力气实现社会保障的救贫扶贫，满足国民最基本的生存与生活需求。随着经济的发展与社会的进步，我国的社会保障必然将发展到通过二次分配促进全体国民福利的阶段，保证全体国民都能够“体面的生存与生活”。

第三章

国外城镇化进程中社会保障法律制度建设的经验借鉴

世界上的许多国家如德国、英国、日本、美国、印度以及韩国等国家都曾经有过经历了大量农业人口转移进城的城市化过程，都在城市化过程中逐步建立健全社会保障制度，社会保障法律的颁布实施对社会保障制度的建立与完善都起到了极为重要的作用。研究这些国家的城市化进程与社会保障制度以及社会保障法律的关系、特点、经验与教训等问题，对于我国的城镇化以及社会保障制度的发展具有重要的借鉴意义。

第一节 韩国城市化与社会保障法律制度

韩国的城市化发展相对较晚，人口老龄化程度相对较高，且韩国与我国有着深厚的历史渊源与相似的文化背景，因而韩国的城市化发展轨迹与社会保障法律制度建设状态对我国的借鉴意义更大。

韩国的社会保障是指为应对疾病、失业、残疾、老龄和死亡等社会性危险，由国家保障国民生活的制度性机制，韩国社会保障制度是涵盖了社会保险、公共救助与社会服务的总体制度。从概念上看，韩国社会保障的内涵与外延与我国基本相同。

一、韩国城市化与社会保障法律制度的发展演变

韩国的社会保障与其城市化的轨迹有着密切的关系。韩国城市化从时间

上可分为三个阶段,韩国社会保障的发展也随之分为三个阶段。

第一阶段,20世纪60年代之前。经历过战争与分裂的韩国深受贫穷之苦,经济凋敝,民众困苦,城市化无从谈起,社会保障也无从发展。

第二个阶段,1960～1980年(韩国的早期经济增长时期)。从1960年开始,韩国拉开了城市化大幕,当时的城市化率为28%。这一时期韩国经济的工业化、产业化程度显著提高,产业比重从一次产业为主扩大到二、三次产业,人均收入从1960年的70美元跃升至1977年的1000美元以上。1980年,韩国城市化率跃升至57%。经济的迅速发展吸引了大量农村人口流向城市,城市人口迅速增加,而传统的农村社会与传统家庭出现解体现象。社会结构的变化导致贫富差距等社会问题扩大,社会保障需求也相应扩大。但受重经济发展而轻社会保障的保守思想影响,韩国官方认为社会保障主要是个人责任而非国家责任,认为社会保障支出会阻滞经济发展,所以,虽然韩国于1961年制定《生活保障法》、1963年制定《医疗保险法》以及其他诸多社会保障法律,但这些法律并未从实质上得到实施,其社会福利事业发展还是主要依靠外国民间团体的援助。因此,这一时期的韩国社会保障事业远远滞后于经济发展。

第三阶段,1980年至今(韩国的持续经济增长时期)。1990年,韩国城市化率达到74%,基本完成城市化。此后,韩国城市化依然非常迅速。1995年城市化率已达到86.4%,2012年则高达91.12%。这一时期韩国跨入信息产业社会,2012年韩国的GDP规模增长位居世界前十,人均收入提高到2.3万美元以上。随着产业化与城市化等社会结构的变化,韩国农村社会家庭分离,城乡差距进一步拉大,并且由此产生各种社会问题。与此相应,韩国社会保障终于迎来发展之机。韩国政府开始关注重经济增长而轻社会保障的传统政策存在的拉大收入差距、制造城乡不公平等社会问题,转而采取经济增长与社会福利均衡发展的模式。韩国于1981年制定儿童福利法、老年人福利法、残疾人福利法等三大社会福利服务法,1991年制定婴幼儿保育法。此后,韩国社会保障方面的法律不断完善,并且得到实质性实施。在立法先行的前提下,韩国社会保障制度在工伤保险、健康保险、国民年金、雇佣保险、疗养保险等方面都获得较大发展。迄今为止,韩国社会保障制度在经历了渐进式发展历程之后已经逐渐建立起普惠性质的社会保障体系,该体系包括公共救助、社会服务与社会保险三个层次。

二、韩国城市化的特点

韩国国土面积约99221平方公里，目前人口约4900万。韩国自然资源极为匮乏，其城市化是在一穷二白的基础上开始的，主要通过发展二、三产业吸引农村人口大量快速积聚到城市。韩国的城市化具有非常鲜明的特点：

（一）发展速度快

美国用了一百二十年的时间城镇化率超过70%，日本则用了将近一百年的时间，而韩国仅用了三十年。

（二）政府推动作用明显

韩国政治体制一向具有中央集权的特征，韩国政府通过制定法律、公布行政规划、设立经济开发区、鼓励重点发展产业等形式吸引农村人口流动到城市。韩国城市化过程中随处可见政府的影子，韩国政府在市场经济条件下对经济与人口发展的主动介入被认为是韩国城市化能够快速推进的重要因素之一。

（三）人口分布不均衡

韩国城市化战略并非在全国范围内同时进行，而是具有非常明显的地域选择性。因此，韩国的大城市积聚了大量的人口，而小城市的人口则少得多。20世纪80年代，韩国100万以上人口的大城市集中在连接首尔与釜山的京釜线上，集中在首尔和釜山等大城市圈中的人口占全国人口的53%。到1995年，占全国人口的48%、全国78个城市人口的61%居住在6个大城市中。特别是首尔，在不到全国0.6%的国土面积上居然居住着近全国1/4的人口。[①]

（四）大中小城市发展不平衡

由于韩国政府对大中城市采取优先发展的战略，因此大中城市尤其是首尔不仅人口高度集中，而且资金、技术、产业也高度集中。据1990年的调查资料显示，占全国公共机关的65%、金融存贷总额的66%、轿客车的46%都落籍汉城。此外，全国大部分名牌大学、100个大企业中90%的总部都设在首尔。[②] 韩国对大中城市的优先发展抑制了小城市的发展空间，大中城市与小城市无论在

---

① 参见金恩斌：《韩国城市化及其对延边城市化的启示》，载《延边大学学报（社会科学版）》2006年第1期。

② 参见金恩斌：《韩国城市化及其对延边城市化的启示》，载《延边大学学报（社会科学版）》2006年第1期。

人口还是技术、资金等各方面都形成鲜明对比，导致小城市的发展处境维艰。

（五）城乡发展不平衡

韩国通过始自20世纪70年代的“新村运动”致力于提高农民收入，改善农村生活环境，农村人口已不足全国人口的10%，但农村仍然远远落后于城市的发展。城乡发展不平衡以及由此带来的城乡待遇差别至今仍是困扰韩国城市化进程的一大难题。

（六）出现逆城市化现象

2013年，韩国的城市化率比上一年度降低了0.08%，这是韩国城市化率历史上的首次回落，韩国开始出现逆城市化现象。韩国逆城市化的原因有二：一是韩国的大城市积聚造成其他地区发展受限，韩国已经开始实施新的城市发展战略，引导人口、产业和机构扩散；二是韩国老龄化现象较为严重，很多老人退休后希望回到农村生活。

三、韩国社会保障制度的特点

（一）以经济发展为基础

韩国社会保障制度建设经历了从无到有、从选择性福利到普惠性福利与选择性福利并存的发展历程，而这个过程是以韩国的经济发展为基础的。20世纪60年代，韩国经济凋敝，社会保障一片空白。80年代之前，韩国经济取得了一定的发展，但社会保障虽然开始起步但主要依靠外国援助，此时韩国主要实行选择性福利，如老年人的养老与医疗福利、儿童或残疾人福利等。80年代之后，韩国经济跃居全球前列，社会保障也转为依靠本国政府支出。经过较长时间的理论争鸣与实践印证，韩国建立起针对所有国民的普遍性福利补贴与针对所需国民的选择性福利补贴并存的社会保障制度。韩国的经济发展为社会保障制度的健全完善提供了坚实的经济基础。

（二）社会保障法律较为完善

韩国比较重视社会保障立法，贯彻立法先行的原则，社会保障法律体系与制度相对较为完善。韩国1961年先后颁布了关于儿童的福利法、孤儿收养特例法和关于孤儿监护人的法律以及关于沦落行为等的防止法、更生保护法等。80年代后期又进行修订，制定了《母子福祉法》（1989年）、《婴幼儿保育法》（1991年），修改了《残疾人福祉法》（1989年）、《老人福祉法》（1989年）、《医疗保护法》(1991年)和社会福祉事业法(1992年)等。正是在上述法律的规范下,韩国社会保障制度日趋完善。

(三)养老与医疗保险领域存在特殊群体

韩国的养老保险分为两个层面:一是以公务员、军人、私立学校教员等特殊职业群体为对象的养老保险;二是以一般劳动者为对象的国民年金保险。韩国的特殊职业群体养老保险的缴费数额少,但享受标准远高于一般劳动者的国民年金保险。公务员、军人与私立学校教员的养老金除个人交纳5.5%以外,另外5.5%基本都由国库负担。韩国的医疗保险领域也存在类似特殊群体的特殊待遇问题。特殊群体的存在不仅造成社会保障待遇的不公平,而且也加剧了韩国的财政困难,统筹整合特殊职业群体的养老与医疗保险是韩国社会保障事业今后的一个努力方向。

(四)社会保障存在较为明显的城乡差别

首先,从建立时间看,韩国农村社会保障始于1980年,但1981年韩国才开始在农村进行强制性医疗保险试点,而城市社会保障则可溯及1960年。其次,从缴费与享受标准来看,韩国农村的养老与医疗保险的缴费相对较低,享受标准也相对降低,并且农村的养老与医疗条件远远不及城市。最后,虽然韩国经济较为发达,城市化率极高,但其实施的新农村建设并未完全消除农村与城市的差异。

(五)社会保障支出占GDP的比重相对较小

虽然韩国的社会保障支出占GDP的比率从1990年的3.1%升至2010年10.2%,大体相当于我国的社会保障支出比率,但与德国、日本、法国等经济发达国家超过40%的比率相比,韩国的社会保障支出是明显偏低的。社会保障支出偏少意味着韩国为国民提供的仅仅是满足基本生存与生活需求而非高标准的社会保障。如何避免走西方国家高福利造成的弯路也正是目前韩国所考虑的问题之一。

(六)现行社会保障制度受到老龄化冲击

韩国人均寿命的大幅提高与低生育率导致人口绝对数量的减少,人口老龄化成为韩国必须面对的社会问题。韩国65岁以上老年人占全国人口的比重2000年为7.2%,到2020年将翻一番,而到2050这个比率将超过35%。以养老保险为例,2013年至今,韩国30%的65岁以上老年人领取国民年金。为应对老龄化，韩国2008年开始实施基础老龄年金制度，即除国民年金受惠的65岁以上老年人的70％受惠；2014年则引进基础年金制度，以65岁以上老年人的70％为对象，由政府财政负担。韩国应对老龄化的努力一方面改善了老年人的福利状况，保证老年人老有所养、老有所乐；另一方面也大大加重了政府的财政负担。老龄化不仅会影响到国家的社会保障支出，而且还将对韩国的社会保障整体制度产生较大冲击。

四、韩国城市化与社会保障制度建设存在的问题

虽然韩国经济迅猛发展，已迈入高度城市化国家之列，且以经济发展为基础的社会保障制度也成效显著，但韩国的城市化与社会保障制度仍然存在一些问题。

(一)经济增长与社会福利的差距呈逐渐扩大趋势

韩国国内关于经济增长与社会保障发展关系的争论从未停止过，认为社会保障支出会压缩经济投资规模从而阻滞经济增长的观点一直影响着韩国官方。虽然韩国社会保障支出占GDP的比率至2010年增长至10.2％，但与欧美国家30％以上甚至50％左右的社会保障支出比率相比较，韩国的支出比例明显偏低。而且与韩国经济的飞速发展相比，韩国社会福利发展明显迟滞于经济增长速度，并且二者之间的差距还在继续扩大。

(二)国家层次的政策制度和地区社会水平的服务之间的差距呈逐渐扩大之势

韩国国家层面注重社会福利法律政策的制定，但其在地方层面却不能得到完全实施。有了社会保障法律却不能有效实施的问题是韩国自开启城市化大门以来就存在的，而且延续至今，并呈逐渐扩大之势。立法已行而实施滞后不仅影响到社会保障对象的权益，而且拷问着韩国法律的权威与尊严。

(三)韩国的高度城市化不能完全消除社会保障的城乡差别与群体差别

虽然韩国在城市化过程中经济飞速发展，2010年GDP规模排名全球第15位，但是韩国并未以其强大的经济实力作后盾，为占全国人口不足10％的农村人口提供等同于城市人口的社会保障待遇，城乡社会保障差别仍是客观存在的，并且，在城市社会保障内部，仍然存在公务员、私立学校教职员以及军人等享受特殊社会保障待遇的特殊群体。社会保障的城乡差别与群体差别所带来的社会不公等问题促使韩国政府改变政策，转而致力于提高农村社会保障待

遇、统筹不同群体的社会保障，但这个工作目前仍然在进行中。

五、韩国城市化与社会保障法律制度对中国的启示

中国与韩国是近邻，两国不仅具有相似的文化传统，而且都曾经历过战争，城市化的发展基础都较为薄弱，社会保障制度都是在一穷二白的基础上起步的。韩国同中国一样存在城乡户籍差异、城乡社会保障制度差异、城市社会保障群体差异，因此韩国城市化发展与社会保障制度建立的经验非常值得正在城市化发展中的中国学习借鉴。

韩国城市化的发展历程充分表明，高速发展的城市化能够带来经济的腾飞、社会的进步以及社会保障制度的健全。对于农业人口仍占据人口近半数的中国来说，要进一步促进经济发展与社会进步，就必须走城市化道路。也就是说，要通过将大部分农民转变为城市居民，改变目前的农业发展模式与农地利用模式，提高农业的生产效率与效益，促进第二、三产业的发展，并且以在资源、人才以及公共设施配套等方面占据优势地位的城市的发展带动周边城镇以及农村的进一步发展。我们确切无疑地要走城市化道路，但城市化道路应该怎样走却是必须首先解决的问题。在我国已有的城市化实践中出现的“千城一面”“逼农民上楼”“鬼城空城”以及“找不到乡愁”等许多问题，说明现有的城市化道路出现了偏差，亟须回归正途。就社会保障制度而言，近两年我国政府致力于扩大保障范围、提高保障水平、弥合城乡保障差距，社会保障的制度化、规范化建设取得了显著成效。但是，我国社会保障的单位与个人的缴费率较高、社会保障不足以满足基本生活需求以及社会保障群体的多样性与差别性等问题却仍未得到妥善解决。而且，国家投入与社会保障水平之间应保持怎样的张力关系才能维系社会平衡也处在探索过程中。无论是城市化建设还是社会保障制度建设，近邻韩国都走在我们之前，文化传统与城市化发展历程的相似性决定了我们需要学习韩国的经验。韩国城市化建设与社会保障制度建设的成就与问题可以给我们如下启示：

（一）城市发展规模需适度

任何事物的发展都具有两面性。韩国的优先发展“大城市”战略吸引了大量农村人口流入城市，首尔等大城市迅速集聚起大量资源、人才与技术，城市化发展迅速，并且带动了经济的腾飞。但是韩国大城市的超规模发展并没有辐射带动周边城市以及农村的发展，反而由于资源、人才与技术的过度集聚而在事

实上掏空了周边城市与农村的发展空间。同时,以首尔为首的大城市出现了人口过多、交通拥挤、环境污染以及发展受限等“大城市病”。韩国的城市化发展的经验教训说明,中国必须确立起适合本国特色的城市发展战略,合理集聚产业,保持城市的适当发展规模。

中国的城市化发展道路一直存在以大城市为主导还是以中小城市为主导的争论。我国对大中小城市的划分标准并不十分明确。《2013 年中国中小城市绿皮书》提出,依据中国城市人口规模和人口分布现状,较为合理的城市规模等级划分标准是:市区常住人口 50 万以下的为小城市,50 万~100 万的为中等城市,100 万~300 万的为大城市,300 万~1000 万的为特大城市,1000 万以上的为巨型城市。[①] 以大城市为主导,可以如同韩国一样在短期内迅速集聚产业、资源和人才等,但以北上广为代表的中国特大城市甚至巨型城市在发展过程中已经出现许多问题,如环境污染严重、基础设施与公共服务(包括住房、教育、交通、社保等)跟不上人口增长速度等。北京等地采取的转移部分重污染产业、在郊区建立大学新校区以及发展与津冀的交通等措施,目的就是通过合理分派城市产业集群,辐射带动周边地区发展并且减轻自身发展压力。

中国的城市化需要吸引大量农村人口进入城市工作与生活。如果以大城市发展主导城市化道路,将会有大量农村人口迅速涌入大城市,不仅加重城市在基础设施与公共服务方面本已存在的负担,而且会因为高昂的房价与生活成本以及社保的相对缺失而导致许多人沦为新的城市贫民,这反而有悖于城市化发展的初衷。因此,在大城市尤其是特大城市已经不堪重负的情况下,中国不宜确立以大城市为主导的城市化发展道路。也就是说,中国城市化道路应以中小城市为主导,这不仅是因为中小城市在基础设施、公共服务以及产业发展空间等方面都更有发展前景,而且中小城市与农村之间无论在社会意识、文化背景还是生活习惯等各方面都更具有相近性,农村人口付出较小的经济代价就可在中小城市过上有尊严的城市生活。尤其在就地城市化的地方,既可以享受到完善的城市配套服务,又没有脱离原有的生活圈子与生活环境,因而更易为人们所接受。

(二)城市化必须以完善的社会保障制度为后盾

城市化能够带来经济的发展,但城市化对传统生产与生活方式的冲击促使

---

① 转引自中国网新闻中心:《中小城市划分新标准出炉　全国共有中小城市 2816 个》,http://news.china.com.cn/2013-10/21/content_30357364.htm,2013 年 10 月 21 日。

国家必须承担更多社会保障责任。毫无疑问，韩国始自上世纪60年代的城市化策略促成了韩国经济的飞速发展，但大量农村人口快速进入城市产生了众多小家庭，传统大家庭随之分裂，家庭保障作用明显降低，尤其在老龄人口越来越多之际，传统家庭养老的局限性更加明显。这种情况促使国家不得不承担起更多社会保障责任，抵御风险并维持家庭正常运转，维护社会稳定并促进经济发展。这说明，城市化与社会保障制度之间是互为犄角、密不可分的关系。

正行走在城市化道路上的中国如同韩国一样面临着传统生产方式与生活习惯的改变，养老与医疗等问题单靠家庭已不足以防范风险、化解危机，国家必须通过建立更加健全完善的社会保障制度，积极应对城市化所带来的风险。

（三）经济发展是社会保障制度健全完善的基础，但二者并非是当然的平衡关系

韩国城市化所带来的经济发展使得韩国社会保障制度在摆脱依赖外国支援之后取得实质性进展，经济发展是韩国社会保障制度健全完善的基础。韩国经济实力不可谓不强，但韩国仅为国民提供基本的或略高的生存生活保障而非体面的社会保障，并且受欧美高福利国家已经暴露出的政府财政不堪重负及不利于鼓励劳动就业弊端的警示，韩国政府并没有改变当前的社会保障政策的意向。韩国社会保障并没有与经济同步发展，社会保障制度虽然在不断地发展完善，但其速度明显落后于经济发展速度，而且二者之间的差距还在不断扩大。韩国理论界本来就一直存在效仿欧美高福利模式还是坚持本国现有模式的争论，国家经济实力迅速壮大但国民社会保障待遇却未同步提高，也引起韩国国民的强烈不满。农村居民对城市居民的不满、城市普通居民对公务员、教师及军人等特殊群体的不满都在积聚，已然成为较为严重的社会问题。

我国政府也越来越重视社会保障制度建设尤其是农村社会保障制度建设工作，社会保障支出连年提高，社会保障制度建设在经济持续增长的基础上取得了较大发展。但是确定怎样的社会保障支出比例，能够既不影响经济发展，又能保证社会保障待遇提高，同时还能充分发挥社会保障的二次分配功能以确保公平正义的实现，也就是说社会保障与经济发展之间应保持怎样的张力关系，是摆在我们面前的现实问题。韩国经济发展与社会保障的现实情况以及韩国政府极力避免的高福利弊端能够给我们提供有价值的经验。

(四)社会保障立法是社会保障制度健全完善的前提,法律实施是立法之后的关键

韩国社会保障制度建立的鲜明特点是立法先行。早在城市化进程伊始,韩国就通过颁布法律的形式着手建立社会保障制度。但在20世纪80年代之前,韩国社会保障法律并未得到实质性实施,国内社会保障主要依靠国外援助进行,社会保障制度建设方面没有进展。80年代之后,韩国制定修改了细密规范的社会保障法律,并以此为依据建立起完善的社会保障制度。韩国现行社会保障制度就是在相关法律规范下建立起来的,法治化程度比较高。

不论是在农村还是在城市,中国的社会保障制度都主要依靠政策而非法律推进。政策推进固然有其优越性,但终非长久之计。现阶段我们应该思考的问题是如何看待社会保障领域的政策主导,如何科学界定政策的地位与作用,如何将政策上升到法律层面并实现社会保障的法治化。

第二节　英国城市化与社会保障法律制度

一、英国的城市化进程及特点

英国是世界上第一个完成工业化和城市化的国家,正是英国的城市化拉开了世界各国城市化的大幕。英国的城市化率在1800年仅为22%,经过漫长的一个半世纪的发展,1955年已达到80%,2005年则达到90%以上。相较于德、美、日等国家,英国的城市化历史是最长的。由于英国的城市化是在没有经验可以借鉴的情况下进行的,因而城市化进程中暴露出许多问题,如贫富差距扩大、住房紧张、公共服务欠缺、环境污染以及犯罪率较高等,英国为解决这些问题采取了积极的应对措施,并取得了较好的成效。英国城市化的特点有:

(一)英国的城市化进程较为自然

由于英国是世界上第一个开始与完成城市化的国家,虽然没有任何经验可以借鉴,但也没有来自外部的竞争攀比压力,因而其城市化是一个伴随着工业文明与经济发展的较为自然的演进过程。

(二)英国的城市化道路曲折

由于缺乏经验借鉴与有效规划,英国早期的城市化以自由放任为主要特征。这一时期,英国城市人口急剧膨胀、住房短缺、就业竞争激烈、公共卫生设

施匮乏、环境污染、犯罪率居高不下、城市景观丑陋等"城市病"初露端倪。[①] 城市病的出现阻滞了城市化进程,促使社会各界开始反思自由放任的城市化发展模式存在的弊端,转而对城市发展采取适当措施进行合理规划,英国的城市化进程逐渐步入正轨。

(三)英国政府注重运用法律手段调整城市规划

早在1909年,英国就通过了第一部涉及城市规划的法律《住宅和城市规划法》(Housing Town Planning etc. ACT,1909)。1947年,英国颁布了《城乡规划法》,在同一时期颁布的专项法包括1945年的《工业分布法》、1946年的《新城法》、1949年的《国家公园和乡村通道法》、1952年的《城镇发展法》。据统计,自1909年以来,英国先后颁布了40余部关于城市的法规条例。[②] 正是依据这些法律,英国成为世界上第一个较为成功地治理城市病的国家。

(四)英国政府高度重视公共事务,且对农民工与城市居民一视同仁

早在19世纪中期,基于城市住房过于拥挤的现实情况,英国政府通过了《地方政府法》,成立了地方政府部,对全国各地的公共卫生状况进行考察。1866年,《卫生法》要求地方当局向包括农民工在内的全部居民供应适合饮用的水、提供清运垃圾和排污的服务。

二、英国社会保障制度的建立及特点

英国是社会保障法律制度的发源地,社会保障制度的起源最早可溯及至1601年的《伊丽莎白济贫法》(又称"旧济贫法")。三百多年来,英国社会保障理念与制度几经波折,法律制度也随之进行频繁调整,现在英国已是世界上社会保障法律制度最为健全的国家之一。英国社会保障制度建立与发展的特点在于:

(一)英国社会保障理念随时代更替而变化发展

17世纪,英国的济贫法贯穿的是社会道义的理念,认为贫困是个人不努力所导致的罪恶,国家对贫民的救济是出于道义而不是责任,而这种道义救济的

---

① 李冈原:《英国城市病及其整治探析——兼谈英国城市化模式》,载《杭州师范学院学报(社会科学版)》2003年第6期。

② 纪晓岚:《英国城市化历史过程分析与启示》,载《华东理工大学学报(社会科学版)》2004年第2期。

条件是甚至要求被救济者放弃个人尊严。正因为如此,旧济贫法虽有济贫之实却不被当时的贫困者所接受。随着工业革命与经济的发展,统治者逐渐认识到贫困与疾病不仅是个人问题,更多的是社会问题,因此应由国家和社会分担贫困与疾病风险,国家责任或者政府责任的现代社会保障理念由此产生。20 世纪 90 年代之后,由于英国社会保障支出过高、财政负担过重,且引发了影响社会稳定与经济发展的福利病,英国改变了传统的由政府完全主导的"保姆式"的社会保障理念,将雇主与个人引入社会保障的责任主体范畴,但政府仍然是社会保障的主要责任主体。

(二)英国社会保障法律制度较为完善

英国社会保障制度的一大特点在于立法先行,即通过明确而具体的法律来调整规范社会保障制度。从 20 世纪初期开始,英国先后颁布了《教育法》(1906)、《老年年金保险法》(1908)、《失业保险与健康保险法》(1911)、《国民保险法令》(1911)、《妇女儿童福利法》(1918)、《寡妇孤儿及老年年金法》(1925)、《失业法》(1934)、《国民健康保险法》(1936)、《家庭津贴法》(1945)、《国民保险法》(1946)、《国民工伤保险法》(1946)、《国民健康服务法》(1946)与《国民救助法》(1948)等若干社会保障法律。[①] 上述社会保障法律有的覆盖全体国民,有的针对某个特殊群体,内容上包括工伤、医疗、养老与社会救助等社会保障项目。

(三)英国社会保障制度的覆盖面极广

与我国社会保障制度有城乡差别与行业差别不同而形成覆盖面较窄的情况不同,英国全体国民都是社会保障的实施对象,社会保障项目更是涵盖了"从摇篮到坟墓"的国民生活的全过程。覆盖面广、符合社会保障二次分配与保障公平的本意,也大大提高了社会保障资金的共济能力。

第三节　德国城市化与社会保障法律制度

一、德国的城市化进程及特点

德国虽然迈入城市化进程的时间晚于英、美、法等国,但德国实现城市化所需的时间却比其他国家要短。德国于 1910 年就基本实现城市化,而美国于

① 参见杨思斌:《英国社会保障法的历史演变及其对中国的启示》,载《中州学刊》2008 年第 3 期。

1920年实现城市化，法国于1931年实现城市化。德国的城市化进程最早可追溯至19世纪早期，但直至1871年德国才进入城市化的繁荣与发展时期，德国各联邦城市经济蓬勃发展，城市面积不断扩大，人口大幅增加。经过此后一百余年的发展，德国完成了城市化与工业化的历史进程。德国的城市化水平于1996年已经达到94.6%，城市化伴随着人口的自然流动与工业技术的提高。

德国城市化具有以下几个特点：

(一)德国的城市化以中小城市为主体

虽然德国的城市化水平非常高，但大多数人口分布在中小城市，大城市的人口积聚、技术集中等效应不十分明显，因而较好地避免了人口拥挤、交通堵塞与环境污染等“大城市病”。

(二)德国注重城乡一体化发展

德国为城市与农村提供相同的基础设施、社会保障与医疗教育等方面的公共服务，因而在乡间小镇生活如同在大城市一样便利，“农民”一词在德国仅仅是职业的区别而绝不意味着身份与地位的差别。

(三)德国城市的产业基础坚实

德国不追求大而全的产业支撑，每个城市都有自己的特色，有的以工业发展为主，有的以商业服务为主，有的以交通旅游为主，而有的则以大学教育见长。不同城市的产业各具特色且基础扎实，使得德国的城市获得了长足发展的动力。

(四)德国在城市建设过程中注重保护自然环境与人文景观

德国的城市建设与城市发展并没有破坏德国的自然环境与人文景观，德国的城市化道路确保了经济与社会的可持续发展，较好地实现了人与自然的和谐相处。这既缘于德国民族具有珍爱环境与历史遗产的传统，也缘于德国联邦《建设法典》对环境保护的重要规定。

(五)德国城市化过程中非常注重职业培训

德国农民大量进入城市之际，农民所受教育较少、文化水平较低。为适应现代工业生产和服务业的需要，德国各大企业都非常注重职业培训，大力发展城市职业教育，提高了进城农民的劳动技能，这对促进德国经济发展和生产技术水平的提高起到了重要作用。

二、德国社会保障制度的建立及特点

德国是世界上最早建立社会保障制度的国家之一。1881年，德皇威廉一世颁布《黄金诏书》，提出工人因患病、事故、伤残和年老而出现经济困难时应得到保障，他们有权得到救济；工人保障应由工人自行管理。由此开始了社会保障制度的建立和完善。① 迄今为止，德国已经成为社会保障制度最完善、社会保障水平较高的国家。德国社会保障制度主要有以下几方面的特点：

（一）德国的社会保障法律制度较为完善

二战之前，德国于1883年颁布了《医疗保险法》，1884年颁布了《工伤事故保险法》，1889年颁布了《伤残和养老保险法》，1911年将上述三部社会保险法合并为《帝国保障法》并颁布了《职工保险法》，1927年颁布了《职业介绍法》和《失业保险法》，1938年颁布了《手工艺者养老金法》，社会保障法律制度得到发展。二战以后，随着国民经济的发展，联邦德国的社会保障法律制度得到进一步发展和完善。1957年颁布了《农民老年救济法》，将农民养老纳入社会保障范围；1969年颁布了《劳动促进法》；1983年颁布了《文艺工作者社会保险法》；1988年颁布了《健康改革法》；1989年颁布了《1992年养老金改革法》；1995年开始增加社会护理保险。目前，德国已形成了规模庞大、内容完善的社会保障法律体系。② 正是依靠现代社会里最具权威与效力的法律的作用，德国的社会保障制度得以发展与完善。

（二）德国社会保险管理采取国家立法与社会自治相结合的原则

社会保险制度是德国社会保障制度的主体。德国社会保障制度以强制性的社会保险为基础，辅之以社会救济、社会促进与社会赔偿。社会保险管理采取的是国家立法与社会自治相结合的原则，即国家层面的立法确定总的原则，具体管理由不同的社会保险管理机构负责。社会保险的社会化管理不仅可以避免大量社保资金集中所带来的挤占挪用等风险，减少管理过程中的官方干预，还可以充分发挥社会对资金管理的经验，最大程度提高社保资金的增值与使用效益，因而是较为成功的社会保险管理模式。

---

① 参见武敏：《德国社会保障法律制度及其对我国的启示》，载《河南财政税务高等专科学校学报》2004年第3期。

② 参见武敏：《德国社会保障法律制度及其对我国的启示》，载《河南财政税务高等专科学校学报》2004年第3期。

（三）德国的社会保障水平较高

德国的社会保障不仅制度较为完善，保障水平亦处于世界前列。德国的养老金替代率平均可达到70%（我国目前仅为40%），因而养老金能够为退休人员提供体面且有尊严的生活。德国医疗保险实行家庭保障原则，即医疗保险不仅可以支付本人的全部大病费用，而且家庭成员也可受益。德国的失业救济金亦可达到原工资的53%～67%，接近养老金水平。当然，高水平的社会保障不仅需要国家较大比例的财政支出，而且需要劳动者缴纳较高的税负，因而不仅加重了劳动者的负担，而且不利于鼓励有劳动能力的人积极就业，从而在事实上削弱了国家的活力。德国高福利所带来的弊端也需要引起我们的警觉。

（四）德国重视农民工社会保障问题

德国虽然也有城镇与农村的区别，但为吸引更多农民工进入城镇，德国政府相对较为重视农民工的社会保障问题。1927年，德国颁布《职业介绍法和失业保险法》，规定全体工人和职员包括农民工都必须参加失业保险，这是社会保障历史上第一次在法律的高度上将农民工纳入失业保险的范围之内。

第四节　美国城市化与社会保障法律制度

一、美国的城市化进程及特点

美国的城市化最早始于1609年的欧洲移民，其城市化进程大致可分为两个时期：一是美国基本城市化时期（1920年之前）。至1920年，美国城市人口总数为5416万，占全国人口总数的51.2%，美国基本实现城市化。这一时期美国城市化的发展主要表现为每个城市自身的发展，即人口、工业、科技、机构等向大城市集聚，但对周边城市的发展还未显现出明显的带动与扩展效应。二是美国大都市区时期（1920年至今）。伴随着科学技术的进步、交通运输网络的完善、大规模的移民以及服务业等第三产业的发展，2000年，美国城市人口总数为22480万，占全国人口的比例上升为80%，美国进入高度城市化时期。这一时期，大都市区大量涌现并向周边城市与郊区扩展，美国人口的过半数居住在大都市区。所谓大都市区，是指包括一个大型的人口中心及其与该中心有较高经济、社会整合程度的社区，它所反映的是大城市及其辐射区域在美国社会经济生活中地位不断增长的客观事实。20世纪60年代以后，美国甚至出现了以高速公路为纽带的大都市连绵区，即巨大城市带。

从总体上看，美国的城市化主要表现出以下特点：

（一）美国城市化发展符合“S”形曲线发展规律

S形曲线是大多数国家城市化发展都表现出的发展规律，美国亦不例外。所谓“S”形曲线，是指当城市人口达到总人口的10%以上时为城市化起点，达20%以上时即进入快速城市化阶段，达50%左右成为城市化国家，但此后城市化仍保持一段增长时期，到70%左右才缓慢下来。这就是说，城市化过程要经历发生、发展和成熟三个阶段。这三个阶段的基本变化规律是：发生阶段变化速度缓慢，发展阶段变化速度加快，成熟阶段变化速度又趋缓慢，全过程呈“S”形曲线运动。[①] 我国处于进入城市化的发展时期，城市化率已基本达到50%。“S”形曲线发展规律说明我国当前阶段的城市化仍将继续增长，因此应充分把握这一关键阶段，促进城市化的进一步发展。

（二）美国城市化发展的主要动力是经济发展、人才利用以及服务业等第三产业的发展

美国的城市化主要建立在经济发展基础之上，是经济发展到一定程度之后人口、科技与资源的自然集聚过程。也就是说，只要出现了真正的经济转型，城市化模式就会随之产生，城市化是经济发展的一个必然结果，而非促进经济发展的前提条件。我国当前正在进行的城市化却颠倒了二者的因果关系，希望以一种人为的城市化促进经济的发展，因而在实践中表现为政府推动的城市化，即主要是土地的过度城市化与人口的不完全城市化。这种政府主导的城市化模式在实践中已经显露出许多问题，并在理论上被证明是不可持续的城市化。因此，我国的城市化必须调整发展思路，重点关注城市经济发展，加快人才流动，鼓励支持服务业等第三产业的发展，变被动城市化为主动城市化。

（三）美国城市郊区化现象非常明显

伴随着大都市区的发展，美国大都市区周边的郊区在人才、科技、交通等方面都得到了较快的发展，美国城市化也随之出现郊区化的现象。郊区化是指居住在城市郊区的人口超过城市人口与农村人口。根据美国人口普查局的统计，1970年，美国郊区人口达到7560万人，占当时全国人口总数的37.2%，而市区人口和农村人口各占31.4%，郊区人口超过了市区人口和农村人口。美国在

---

① 参见张国骥：《美国城市化的发展实践及基本经验》，载《湖南商学院学报》2004年第1期。

1970年已经成为一个城市郊区化的国家。而且以后这种城市郊区化的发展趋势日益显著。1990年,郊区人口占大都市区总人口更增至60%。[①] 美国城市的郊区化发展减少了大城市过分集聚对环境、资源以及交通、卫生的压力,为大城市的可持续健康发展提供了便利条件。我国的北京、上海、广州等城市人口与资源的过于集中对环境、卫生以及住房、交通等产生巨大的压力,大城市病已经暴露无遗。美国城市的郊区化发展可为我国特大城市的可持续发展提供有益的借鉴。

二、美国社会保障制度的建立及特点

与英国、德国等国家社会保障制度最早可溯及几个世纪以前不同,美国社会保障制度的起步始于1935年《社会保障法》的颁布。这是美国第一个全国性的、由联邦政府承担义务、以解决老年和失业问题为主体的社会保障立法。该法奠定了美国保障制度的基本框架,以后的历次改革均是在对原有法律的修改和补充的基础上不断完善立法。1946年,杜鲁门总统签署《就业法》;1964年,约翰逊总统签署《经济危机法》,后又通过了《美国医疗照顾与援助法案》;1973年,通过《健康维持组织法》。至20世纪90年代,美国的社会保障法已进行了几十次的修改和补充,单行立法也有上百部。美国的社会保障包括养老、遗属、残疾、医疗、失业、生育以及社会救济在内的社会保障项目。[②]

与欧洲等国社会保障制度相比,美国社会保障制度具有以下鲜明的特色:

(一)美国社会保障具有立法先行的特点

美国的社会保障具有鲜明的立法先行的特点。社会保障法律体系在美国是一个独立的法律体系,而且立法层次高,一般由国会通过,主要的社会保障法律议案由联邦议会通过,联邦和州在社会保障项目上的权力划分也是依法而定的。项目的设立与实施必须由国会以法案的形式确立社会保障项目后,政府负责实施。受益者须满足什么条件等等具体规则也都是由法律作出具体的规定,政府只是执行者,任何满足法律规定的资格者均是受惠者,一切争议靠法律来解决。[③]

---

① 参见张国骥:《美国城市化的发展实践及基本经验》,载《湖南商学院学报》2004年第1期。

② Social Security (United States) From Wikipedia, the free encyclopedia. [EB / OL]. (2009-3). http://en. wikipe-dia. org/wiki/Social_Security_(United_States) # cite_note-0. 转引自林俏:《美国社会保障法律制度及其对中国的借鉴意义》,载《石家庄经济学院学报》2012年第1期。

③ 参见林俏:《美国社会保障法律制度及其对中国的借鉴意义》,载《石家庄经济学院学报》2012年第1期。

(二)美国社会保障具有多层次、低水平运作的特点

美国的社会保障可以分为四个层次:“强制性的政府保障、企业(包括美国铁路退休局)或者政府机构以及国防部(和美国退伍军人事务部)对特定人群的保障、商业保险和慈善机构的保障。”①美国还有针对特殊群体的社会保障制度,如军队的养老、健康与失业保险制度,铁路职工的养老、失业与健康保险制度以及文官退休养老制度等。虽然美国经济非常发达,社会保障的覆盖面非常广(超过90%),但社会保障水平却不高,政府提供的退休保险、失业保险的替代率只相当于原工资的50%。这主要缘于美国不是通过社会再分配实现平等,而是通过减少贫困促进不同地区、阶层人民的平等,因而美国社会保障得以保持较高的效率。当然,职工可以通过企业退休保险、个人储蓄性养老保险或失业补贴等而保证社会保障的替代率维持在80%以上。

(三)美国社会保障的主体具有多元特点

与我国社会保障的责任主体主要是政府不同的是,美国社会保障的责任主体不仅包括政府,而且包括各类公司、社团、志愿组织以及个人。“在当代的美国,政府承担了提供社会福利的主要责任,为全体人民举办了退休养老、老年医疗、工伤、失业等保险,为穷人提供抚养未成年子女、医疗、保险、食品券、住房和教育等方面的补助。但是政府并不包揽一切,而是鼓励(主要是通过税收政策)私营企业、非营利性组织、慈善团体、基金会等举办社会福利项目,鼓励个人进行养老储蓄和参加非营利性组织的各种保险(如医疗)和向商业保险公司投保各种保险(如人寿、医疗等等)。这种种社会力量对美国社会福利事业和向人民提供经济社会保障的贡献是很大的。据统计,在1982年,私营企业支出的社会福利费达到3500亿美元以上,接近联邦政府的社会福利开支。”②社会保障主体的多元化不仅减轻了政府的社会保障责任与资金支出压力,而且为民众提供了项目繁多、层次多样的社会保障,使得民众的社会保障需求能够得到更好的满足。

(四)重视教育培训在社会保障中的作用

在“预防胜于医治”理论指导下,美国认为减少失业的最好办法是保证就业,因此美国非常重视教育培训在社会保障中的作用。从20世纪60年代开

---

① 李超民编著:《美国社会保障制度》,上海人民出版社2009年版,第12页。

② 李道揆:《美国政府和美国政治》,商务印书馆1999年版,第614页。

始,美国颁布了许多关于职业培训和职业教育的法令,较重要的有《人力开发与培训法》(1962)、《职业教育法》(1963)、《就业机会法》(1964)、《成人教育法》(1960)、《全面就业与培训法》(1973)、《青年就业与示范教育计划法》(1974)、《就业培训合作法》(1983)等。[①] 职业培训提高了劳动者素质,有利于劳动者就业,一定程度上缓解了失业问题,因而成为美国社会保障不可缺少的重要组成部分。

第五节 日本城市化与社会保障法律制度

一、日本的城市化进程及特点[②]

日本的城市化源于1868年的明治维新,当时通过推行一系列农业政策促进农业发展,并对农业征收高额税费以为工业发展提供物质条件。这与我国在长期的城乡二元分离历史条件下推行的优先发展城市尤其是大中城市而牺牲农村发展的政策非常相似。至1920年,日本农业从业人口下降,工业与服务业从业人数有所上升,工业与服务业的发展带动了大量农村人口向城市的转移,四大工业带形成,日本初步完成城市化。1940年,日本城市化率已达37.7%,但受二战影响,战后的日本经济凋敝、百废待兴,工业与服务业发展受到严重阻滞,城市化发展一度停顿。1950年,朝鲜战争的爆发为日本经济的腾飞与城市化的加快提供了契机。日本作为西方各国的物资基地,开始走上了快速复兴之路。1955年,日本城市化率达到56%,城市人口首次超过农村人口。1970年,日本的城市化率达到72.1%。自1970年之后,日本进入后工业化时代,第二产业即工业的比重开始下降,而第三产业的产值越来越大,吸引了更多的劳动力,因而日本的城市化水平继续提高。2000年,日本全国城市化水平为78.1%。

日本城市化进程主要表现出以下特点:

(一)住房紧张、交通堵塞、环境污染等城市病比较严重

日本四面环海,境内多山,因而土地资源相对匮乏,城市的发展空间严重受限。城市化的发展将大量农村人口聚集到城市,使得并不宽裕的城市更加拥

---

① 参见陈平:《美国社会保障法评析》,载《石家庄经济学院学报》2001年第2期。

② 本部分内容主要参考了孙波、白永秀、马晓强的《日本城市化的演进及启示》(载《经济纵横》2010年第12期)。

挤，而城市的居住成本也日渐高涨。城市生活成本的提高迫使不少人选择在郊区居住，城市与郊区之间人口的流动又加剧了交通的堵塞。同时由于过于偏重工业的发展，加上汽车工业的兴起以及大量人口的生存生活，使得城市的空气污染日益严重。中国在城市化发展进程中应以日本为鉴，合理限制大城市尤其是特大城市在资源、人才等方面的过分集聚，适度发展中小城市，吸引更多人口到中小城市而非特大城市工作生活，缓解大城市已经存在的住房紧张、交通堵塞以及环境污染等问题。

（二）工业反哺农业，重视农业的发展，重视对耕地的保护

日本在重视工业化发展过程中，并没有偏废农业发展，而是对农业发展给予高度重视。这主要表现在两方面：一是为适应城市化、工业化的发展，颁布了一系列农业政策，推动农地制度的变革以促进农业生产的发展；二是工业发展所带来的技术进步又提高了农村机械化程度和土地的生产率水平，推动了农村的发展。日本还非常注重农村基础设施建设，持续加大对农村的投入力度，注重运用高科技手段提高农业生产效率，并对农村耕地给予最严格保护。据统计，日本有200余项与土地管理有关的法律制度，如《街区整备法》《町村合并促进法》《城市复苏法》以及《北海道开发法》等。这些法律从不同角度对土地给予合理有效利用与严格保护，因而日本城市化的迅速发展并没有产生农村耕地减少的弊端。农业发展不仅为工业发展奠定了物质基础，也为日本城市化的均衡发展提供了必要的前提条件。

（三）运用法律手段促进城乡协调发展

日本在农村建设方面出台了大量法律法规，以促进农村的发展。在推动农村工商业发展方面，出台了《新全国综合开发计划》《农村地区引进工业促进法》《工业重新配制促进法》等；在推广农村土地规模经营方面，出台了《农地法》《农业基本法》《关于农业振兴区域条件整备问题的法律》等；在普及农村基础教育和职业技能培训方面，出台了《基本教育法和学校教育法》；在建设农村居民社会保障体系方面，出台了《生活保护法》《国民健康保险法》《国民年金法》等。[①] 日本法律对农村发展的重视与我国法律对农村发展的忽视形成鲜明的对比。因此，我国应加强农村法律法规建设，以法律方式促进农村发展，从而为城乡协调发展奠定基础。

---

① 参见孙波、白永秀、马晓强：《日本城市化的演进及启示》，载《经济纵横》2010年第12期。

(四)重视教育和社会保障

日本非常重视发展基础教育。1947 年,日本颁布《基本教育法和学校教育法》,将义务教育年限从 6 年提高到 9 年,以实现全民基础教育。日本对公共教育投资力度不断加大。1965～1973 年,日本的公共教育投资年均增长 17.6%,超过了经济总量的增长速度。到 20 世纪 80 年代,日本已经普及了高中教育,40%农村适龄学生能够进入大学继续深造,劳动者的素质大幅提高。[①] 因此,日本农民的教育程度一直较高,其在进城过程中遇到的阻力相对较小,日本的城市化进程也就较为顺利。与日本不同的是,虽然我国也有义务教育法,但现实情况却是我国农村地区的教育程度与教育水平长期普遍低于城市,因而在现代城市化过程中农民文化程度不高与技能单一的先天不足导致农民进城后难以更好更快地融入城市生活,因而在实际上延滞了城市化进程。

二、日本社会保障制度的建立及特点

日本现代意义上的社会保障制度的建立可溯至二战之前。二战之后,日本经济不景气,物质缺乏,失业严重,因而社会保障以生活保障、医疗保障和失业保障为中心,以解决贫困问题为目标。20 世纪 60 年代,日本经济恢复之后,日本全面建立起社会保障制度,社会保障目标也由解决贫困问题转变为提高国民生活水平。由于受到欧洲国家高福利思潮影响,日本社会保障的覆盖范围不断扩大,保障水平连年提高,70 年代达到最高水平。但高福利随即给日本财政产生巨大的压力,并受到老龄化的极大冲击,日本不得不改变社会保障理念,加大个人的社会保障责任,适度降低政府的社会保障责任。迄今为止,日本已经建立起包括社会保险、社会救济、社会福利和公共医疗卫生四大领域、46 项内容的社会保障制度。

日本社会保障制度的特点主要在于:

(一)覆盖面广,社会保险制度多元化

日本虽然也有城乡差别,但城市与农村之间只是工作性质的差别,基本上不存在对农村的忽视现象,因此日本社会保障制度同时覆盖了城市与农村。如日本国民年金保险覆盖了所有居住在日本国内、20 岁以上且未满 60 岁的人口,而国民健康保险的对象是所有未参加其他医疗保险计划的居民。日本社会保

---

① 参见于培伟:《日本的城乡统筹共同发展》,载《宏观经济管理》2007 年第 9 期。

险制度的一大特点是主体的多元化，即政府与民间组织并存，日本政府给所有成员提供基本的社会保障，民间保险事业则给不同层次的人提供不同层次的社会保障，而不同的职业群体享有不同的社会保障。比如，厚生年金保险是针对工商企业未满 60 岁的雇员，共济组合年金保险适用于各类公务员、私立学校教职员、农林渔业团体成员及铁路、邮电等公共性行业的雇员，而各种共济组合和保险组合也分别包含了一部分社会保障事务。①

（二）法治化程度比较高

日本政府重视运用法律建立健全社会保障制度，且根据国内情势变化及时对社会保障法律制度进行修改或调整。早在 1911 年，日本就制定了最早的劳动者保护法案《工厂法》，1924 年公布了最早的比较成熟的社会保险法案《健康保险法》，1936 年制定了《退职金及退职津贴法》，1941 年制定了《劳动者年金保险法》(1944 年改名为《厚生年金保险》)。从 1945 年开始，日本先后颁布了《战争孤儿保护对策纲要》《生活保护法》《劳动标准法》《失业补助法》《厚生年金保险法》《国民健康保险法》《国民年金法》等十几部法律法规，实行全民性的社会扶助政策。② 为应对老龄化危机，日本还于 1982 年制定了《老年人保健法》，1984 年对《健康保险法》进行调整，1985 年通过《年金修改法》，1989 年制定《推进高龄者福利保健十年战略》。现在日本共有 283 个社会保障法规。

（三）因受到老龄化的严重冲击，非常注重家庭养老与社区养老

日本是世界上人口老龄化最严重的国家。2013 年 4 月，日本总务省公布的人口普查数据显示，日本 65 岁以上的人口为 3079.3 万人，而日本的总人口为 12751.5 万人，65 岁以上人口占到日本全部人口的 24.15%。日本老龄人口的迅速增加不仅大幅提升了日本养老保险资金的支出数额，而且老年人口的养老、医疗等护理需求也需要得到满足。2000 年，日本开始实行护理保险制度，即由社会保险来共同支持老年人护理所需的设施、服务等费用，所需保险费用由国家、地方政府、企业、40 岁以上的人和老年人本人共同负担。除此之外，日本还充分发挥家庭养老的传统优势，重视老年人的精神养老问题，鼓励家庭养老，实行家庭养老与社会养老并举的方针，因而日本老年人基本可以做到养老无虞。

---

① 参见杨文杰、韦玮：《日本社会保障制度的特点与政策》，载《日本问题研究》2002 年第 2 期。

② 参见侯晓燕：《日本社会保障制度对我国的启示》，载《合作经济与科技》2014 年第 9 期。

我国也正在快速步入老龄化社会，其老龄化的特点是人口基数大而家庭规模小，老年人养老问题已经浮出水面。很多研究人口问题的专家认为，传统家庭已不足以支撑养老负担，因而侧重于对机构养老与社区养老进行研究。但"养儿防老"的传统观念使得我国老年人更愿居家养老，养老机构本身存在的资金短缺、费用昂贵、人才难求、床位紧张及护理非专业化等现实问题也使机构养老不会成为中国的基本养老方式。我们应该学习日本的养老经验，尽快建立起我国的养老护理保险制度，通过保险制度将居家养老与社区养老结合起来，充分发挥居家养老的精神抚慰作用与社区养老的便利优势，确保老年人安度晚年。

第四章

新型城镇化中社会保障制度的发展变化

第一节　社会保障理念的变化

社会保障理念是人们对社会保障制度的精神、宗旨、功能的理性认识及其所形成的观念，理念决定制度的设计及技术方案的选择，它对于社会保障模式的建立和制度发展起着至关重要的作用。① 中西方社会保障制度的发展历程说明，有怎样的社会保障理念，就会有怎样的社会保障法律与社会保障实践。社会保障理念在古今中外曾历经多次较大变动，随着文明进步与时代发展，公平、正义、共享的价值理念逐渐成为各国社会保障的共同理念。对中外社会保障理念作简要梳理与分析，有助于我们更清楚认识到公平、正义、共享的社会保障理念是社会保障制度发展变化的必然结果，同时也是社会保障制度进一步发展的思想基础。中国社会保障制度在社会保障理念明显转变基础上取得了实质性进展，社会保障法律制度的健全完善将为公平、正义、共享的社会保障理念的实现保驾护航。

一、国外社会保障理念的发展演变

一般认为，国外近现代社会保障制度的发起缘于 17 世纪英国的《济贫法》，此后 1911 年德国《社会保险法典》形成，1935 年美国《社会保障法》颁布，1942 年英国《贝弗里奇报告》面世，这些法典的颁行是西方社会保障历史上的标志性

---

① 参见汪连新、杨建海：《社会保障制度理念：历程与启示》，载《产业与科技论坛》2011 年第 13 期。

事件。与四部社会保障法的颁行相呼应，社会保障理念经历了从惩戒到怀柔到反危机再到公平与普惠的阶段式发展进程。[①]

(一)17 世纪英国《济贫法》阶段，以惩戒为基本社会保障理念

英国始自 15 世纪中后期的圈地运动导致大量农民失去土地，流入城市沦为工人，而工业技术的进步又导致大量工人被淘汰，贫困与失业成为困扰英国社会的严重问题。为解决危机，化解矛盾，1601 年，英国王室颁发《伊丽莎白济贫法》(又称“旧济贫法”)。该法规定，有劳动能力的贫民只能到济贫院接受济贫。英国于 1782 年颁发了《吉尔伯特法》，允许教区对健壮贫民实行“院外救济”。1834 年，英国又通过了《济贫法修正案》(又称“新济贫法”)。该法禁止了教区的“院外救济”。受自由竞争资本主义思潮影响，很多人认为，贫困是个人原因如懒惰或无能造成的，贫困应由个人负责而非社会负责。因此，英国的济贫制度有着非常严苛的条件，其目的在于惩戒那些“懒惰或无能”的健壮贫民，因而很多贫民宁肯饿死也不愿到济贫院接受救济。以惩戒为目的的济贫法虽然从客观上救济了一些贫民，但其对人格尊严的践踏也使其饱受诟病。

(二)19 世纪德国社会保险阶段，以怀柔为基本社会保障理念

19 世纪的德国，工业化进程导致无产阶级与资产阶级之间的矛盾日益尖锐。为缓和阶级矛盾、维护阶级利益，俾斯麦政府采取“大棒加胡萝卜”的怀柔政策，除对无产阶级的反抗继续实行武力镇压之外，还开始建立社会保险制度，由国家为贫苦无依者提供基本的生存生活保障。这一时期的统治者已经认识到贫困与失业并不总是个人原因造成的，其中更多的是社会发展的牺牲品，因而开始倡导社会保障的国家责任。但从总体而言，统治者并非出于对贫困与失业者的人道主义关爱动机而着手建立国家社会保障制度，而是以国家提供社会保障为手段换取不再受贫苦者的“搅扰”，怀柔是这一时期最基本的社会保障理念。正如俾斯麦所说：“一个期待领取养老金的人是最守本分的，也是容易顺从的……我为慈善事业花了这么多钱，我就买得了不再受你们搅扰的权利。”[②]不过，不管怎么样，这一时期社会保障的国家责任主义开始出现，并为其他国家纷纷效仿，现代社会保障制度亦由此发端。

---

① 以下内容主要参考杜长宇的《中西方社会保障理念的历史演进及差异分析》(载《甘肃理论学刊》2011 年第 3 期)。

② 转引自徐瑞仙:《西方社会保障理念嬗变及其对我国的启示》，载《甘肃社会科学》2010 年第3 期。

(三)20世纪美国《社会保障法》阶段,以反危机为基本社会保障理念

20世纪20年代末,席卷全球的经济危机给美国经济带来毁灭性的打击。为了应对市场危机、摆脱经济萧条,罗斯福采纳了凯恩斯主义的政策主张,以社会保障为主要内容的罗斯福新政应运而生。[①] 1935年,美国颁布《社会保障法》。该法是一部以老年保险、失业保障与未成年人保障为核心内容的综合性法律,标志着美国现代社会保障制度的诞生。从美国1935年《社会保障法》的实施背景可以看出,这一时期社会保障的主要目的是为了应对经济危机,但社会保障制度的减震与泄压作用却也表露无遗。此后,国家与政府更加重视社会保障制度的健全完善,由国家与政府为民众提供基本生活保障的国家责任理念更加深入人心。

(四)20世纪英国"贝弗里奇报告"阶段,以公平与普惠为基本社会保障理念

二战之后,为尽快治疗战争创伤,恢复经济繁荣,各国均致力于健全完善本国的社会保障制度。1942年,英国经济学家贝弗里奇提交了《社会保险和相关服务》的报告(即"贝弗里奇报告")。该报告的价值在于确立了公平与普惠的基本社会保障理念。贝弗里奇报告强调,福利不应只与贫穷与饥饿连在一起,也不仅仅是实施社会控制的工具,而是社会集体责任。不论收入多少,不论风险高低,所有国民都必须参加保险,每人每周缴费及费率相同,而且待遇实行统一标准。国家提供福利的原则是基于国家利益而不是某些群体的局部利益,明确社会保障必须由国家和个人共同承担责任,通过国家和个人共同的合作来实现。[②] 贝弗里奇报告确立的公平与普惠的社会保障理念是对以往社会保障理念的彻底颠覆,它第一次将个人的社会保障权利与国家的社会保障责任置于完全对等的地位,实际上强化了社会保障的国家责任,同时也强调社会保障的个人责任,从而建立起包括社会保险、国民救助和自愿保险三个不同层次的较为完整的社会保障体系。随着经济的发展与社会的进步,各国社会保障制度更加完善,公平与普惠的社会保障理念成为各国社会保障领域奉行的基本理念。

二、我国社会保障理念的发展演变

我国现代社会保障制度的建立始于新中国成立之后,社会保障理念经历了

---

① 参见徐瑞仙:《西方社会保障理念嬗变及其对我国的启示》,载《甘肃社会科学》2010年第3期。

② 参见杜长宇:《中西方社会保障理念的历史演进及差异分析》,载《甘肃理论学刊》2011年第3期。

从平均主义到效率优先再到公平正义共享的飞跃。在不同社会保障理念的指引下,我国的社会保障制度也发生着翻天覆地的变化。

(一)20世纪50年代开始的平均主义的社会保障理念

我国在建国之后的较长时间里实行计划经济体制与城乡二元分立体制。1951年,政务院颁布了《中华人民共和国劳动保险条例》。该条例规定,在城镇初步建立以企业养老、医疗以及生育为主要内容的社会保障体系。这一社会保障体系的特点在于仅在城镇企业单位内部封闭运行,由国家和单位承担社会保障责任,个人不需要缴费,社会保障待遇基本相同,因此具有明显的与计划经济体制相适应的平均主义色彩。从严格意义上说,这种社会保障是一种单位保障而非社会保障,并且由于其在不同企业单位内部封闭运行,适用对象非常有限,因而其共济与保障功能明显不足。

(二)20世纪80年代开始的效率优先的社会保障理念

改革开放之后,与传统的计划经济体制相适应的平均主义社会保障理念已经不能适应市场经济的要求。1986年,《中华人民共和国国民经济和社会发展第七个五年计划》提出了单位管理与社会管理相结合的社会化的改革方向,社会保障的社会化理念开始产生并发挥作用。1995年,试行的养老保险改革方案推出"社会统筹和个人账户相结合"的混合模式,其关于个人缴费责任的确定从根本上打破了平均主义的弊端。但是,受"效率优先,兼顾公平"的不成熟的市场经济价值观念的影响,社会保障领域也产生了"效率优先"的理念,主要表现在社会统筹账户和个人账户的比例安排上,即新制度中代表效率的个人账户权重很大,费率高达缴费工资的16%,而具有再分配性质的社会统筹大账户事实上很小,只占职工工资总额的4%。[①] 效率优先的社会保障理念虽然打破了平均主义的封闭性与有限性,但是个人账户的比重过大使社会保障有沦为个人储蓄保障之嫌,而社会统筹大账户的比例过低则无法充分发挥社会保障的统筹与共济功能,并且国家责任原则也没有得到体现。因此,效率优先的社会保障理念主导下的社会保障制度改革没有取得良好的社会效果。

(三)21世纪开始的公平正义共享的社会保障理念

进入新世纪以来,随着经济发展与社会进步,原有社会保障制度的缺陷逐

① 参见刘同芗:《当代中国社会保障理念的嬗变与启示》,载《山东社会科学》2007年第10期。

渐显现出来。在借鉴其他国家社会保障制度建立的经验、吸取我国社会保障制度建立的教训的基础上,我国确立起公平正义与共享的全新的社会保障理念。党的十六大提出:“建立健全同经济发展水平相适应的社会保障体系,是社会稳定和国家长治久安的重要保证。”最新宪法修正案亦增加“国家建立健全同经济发展水平相适应的社会保障制度”的规定。除为城镇居民提供社会保障之外,我国还正式提出要建立覆盖城乡的社会保障制度,并确立了阶段性目标,即十六届六中全会提出的“2020 年我国基本建立起覆盖城乡居民的社会保障体系”。党的十八大报告将社会保障工作放在更加突出的位置,其第七部分“在改善民生和创新管理中加强社会建设”,不仅明确了城乡社会保障的建设目标、基本方针、体系特征等基本问题,而且首次对社会保障制度的作用作出了理念创新,即“社会保障是调节社会分配的一项基本制度”。党的十八大的这一界定,标志着中国社会保障理念的一次重大转变。这表明,社会保障制度在随着经济与社会发展到一定水平之后,将在满足人民群众基本生活需求的基础上,更加注重公平公正。而公平公正意味着城镇不同阶层之间以及城乡之间社会保障差距的缩小与趋同,在公平公正理念指引下的社会保障制度将更多地向社会弱势群体倾斜,从而为城乡社会保障的最终一体化奠定基础。党的十八大报告提出的“社会保障是调节社会分配的一项基本制度”所确立的公平、正义、共享的社会保障新理念,将对社会保障制度的健全与完善产生深远影响。

第二节　养老保险制度的变化

我国养老保险制度的“碎片化”现象非常严重。原来,我国只有城镇企业职工养老保险制度,后来将个体工商户与灵活就业人员纳入城镇企业职工养老保险制度之中,但农村居民以及城镇普通居民从制度上就未被纳入社会保障的覆盖范围之内。另外,我国还有数量庞大的机关事业单位工作人员,对这部分人员长期沿袭着计划经济体制下的单位养老模式。城市与农村养老保险制度的二元分割,城镇企业职工与城镇居民的身份区别,机关事业单位人员游离于社会养老保险体系之外,这些制度的标向性安排导致养老保险始终不能整合统一。

新型城镇化建设开始之后,越来越多的农村居民进入城镇工作与生活。养老保险制度的城乡分割与人群差异是阻碍人才流动的重要因素,因此原有的养老保险制度安排必须进行调整。这既是养老保险制度本身的发展要求，也是新型城镇化的必然选择。根据党的十七大和十七届三中全会作出的决策部署，我国下大力气建立城乡社会养老保险制度。2009 年下半年，国务院决定开展新型农村社会养老保险试点，2011 年启动城镇居民社会养老保险试点。2012 年上半年，国务院决定在全国所有县级行政区全面开展新型农村社会养老保险和城镇居民社会养老保险工作。实践中，养老保险制度确实在许多方面取得较大进展。如原城镇企业职工基本养老保金连续十年以 10%的比率增长，新型农村居民社会养老保险制度（简称“新农保”）与城镇居民社会养老保险制度（简称“城居保”）先后开始建立并取得重大进展，而且二者的统筹衔接工作也已提上日程，并取得显著成效。

一、城镇企业职工基本养老保险制度的建立与完善

城镇企业职工基本养老保险制度是我国最早建立、最为完善的养老保险制度。1995 年，国务院下发《关于深化企业职工养老保险制度改革的通知》，开启了建立企业职工养老保险制度的大幕。在前期企业职工养老保险制度试点改革的基础上，针对试点改革存在的问题与不足，1997 年，国务院发布《关于建立统一的企业职工基本养老保险制度的决定》。2005 年，国务院作出关于完善企业职工基本养老保险制度的决定，旨在顺应人口老龄化、就业方式多样化和城市化的发展的现实需求，切实解决现行企业职工基本养老保险制度存在的个人账户没有做实、计发办法不尽合理、覆盖范围不够广泛等突出问题。城镇企业职工基本养老保险涵盖了城镇各类企业职工、个体工商户和灵活就业人员等群体。由于城镇企业职工基本养老保险制度在前期存在企业与个人缴费比例过高、个人账户空账运行以及养老金替代率偏低难以保障基本生活等问题，为保障企业退休人员生活，国家投入大量资金，从 2005～2013 年连续九年大幅度提高养老金水平，并以年平均 10%的比率增长。2013 年，企业职工养老金平均达到 1900 元，在 2005 年的 700 元基础上增长了 1200 元，城镇企业职工基本养老保险已基本能够保障基本生活需求。与此同时，城镇职工基本养老保险的覆盖范围也连年扩大。2012 年底，全国参加城镇职工基本养老保险的人数为 30427 万人，比上年末增加 2036 万人；2013 年底，全国参加城镇职工基本养老保险的人数为 32218 万人，比上年末增加 1791 万人。

二、新型农村社会养老保险制度的建立与发展

农民拥有土地使用权，土地曾经被认为是农民生老病死所能依赖的唯一保障。相对于城镇企业职工养老保险已经建立十几年的历史相比，农民的养老保险显然是姗姗来迟。我国农村原来曾实行过老农保制度，如1994年山东省出台的《山东省农村社会养老保险试行办法》就规定了老农保制度。所谓"老农保"，就是完全由个人缴费，没有政府补贴，基本没有集体补贴。老农保在实际上相当于个人的变相养老储蓄，因而对农民吸引不大，而且这也不是现代社会养老保险的应有之义。2009年，国务院发布《关于开展新型农村社会养老保险试点的指导意见》，全国性的新农保试点工作展开。新农保制度改变了老农保完全由个人缴费的变相储蓄性质，规定由个人缴费、集体补助与政府补贴三部分共同构成农民的养老保险费，体现了国家与集体对农民养老保险所担负的责任，因此受到广大农民的欢迎。根据国务院指导意见的规定，新农保基金的个人缴费、集体补助以及地方政府补贴部分全部记入个人账户。农村居民的养老金由基础养老金与个人账户养老金两部分构成：基础养老金标准为每人每月55元，各省市可在此基础上有所增加，有的地市的基础养老金标准已超过100元，60岁以上老人可按月领取基础养老金；个人账户养老金按月计发，多缴多得。至2012年6月，全国新农保参保人数已达4.05亿人，领取基础养老金待遇的人数达到4000多万人。至2012年，新农保已在全国范围内实现制度全覆盖，比原计划提前了8年，"老有所养"在农村地区初步得到实现。

三、城镇居民社会养老保险制度的建立与发展

城镇企业职工基本养老保险制度在城镇的运行时间相对较长，但除企业职工以外的普通城镇居民却长期游离于养老保险制度之外。根据党的十七大精神和《中华人民共和国国民经济和社会发展第十二个五年规划纲要》《中华人民共和国社会保险法》的规定，2011年，国务院发布《关于开展城镇居民社会养老保险试点的指导意见》，开始在全国层面试点推行城镇居民社会养老保险，试点的基本原则是"保基本，广覆盖，有弹性，可持续"。根据国务院指导意见的规定，城居保由个人缴费和政府补贴两部分组成（与新农保相比，城居保没有集体补助），实行社会统筹和个人账户相结合的原则。城居保的养老金亦由基础养老金与个人账户养老金两部分构成，基础养老金水平与新农保相同，个人账户

养老金多缴多得。2012 年，城居保基本实现制度全覆盖。城镇居民养老保险的试点推行对于扩大城镇养老保险的覆盖面、保障城镇居民的基本养老需求、彰显社会主义的优越性等具有重要的意义。截至 2013 年底，全国新农保、城居保参保人数已达 4.98 亿人，其中领取待遇人数达 1.38 亿人。

四、新型农村养老保险制度与城镇居民社会养老保险制度的统筹与衔接

覆盖城乡居民的社会养老保障体系的基本建立填补了农村居民和城镇非就业居民养老保险长期以来的制度空白，这是我国社会保障事业发展的重要里程碑。随着城乡一体化发展需求的提高与新型城镇化建设的开展，依附于户籍的社会保障制度的城乡二元分割状况阻碍了人才的城乡流动，社会保障制度已不能起到消弭城乡差别、促进城乡一体化的作用。新农保与城居保在实际运行过程中存在诸多重合，如制度全覆盖与基础养老金一致等，只是在缴费比例上存在一些差别，因此二者作为涵盖人群最广的养老保险制度，具备制度整合的基础和条件。2014 年国务院发布文件，决定合并新型农村社会养老保险与城镇居民社会养老保险，建立全国统一的城乡居民基本养老保险制度。新农保与城居保的合并统一，打破了户籍坚冰所造成的城乡隔阂，畅通了农村居民向城市居民转移的瓶颈，铺垫了城乡一体化发展的道路，因此对于新型城镇化建设具有重要的标示意义与实际价值。正如人力资源社会保障部副部长胡晓义指出的，建立统一的城乡居民基本养老保险制度，是实现党的十八大“全面建成覆盖城乡居民的社会保障体系”目标的重要举措，是落实党的十八届三中全会关于社会保障领域重点改革任务重大部署的实际行动，也是我国经济社会发展的必然要求和推进“新四化”建设的需要，对促进人口纵向流动，增强社会安全感，稳定人民群众对改善民生的预期，拉动消费，鼓励创新创业，都具有重要意义。[①]

五、机关事业单位的养老保险改革

我国原有养老保险制度备受争议不仅仅因为城乡差别的存在，而且还因为城镇内部也根据职业、身份的不同实行不同的养老保险政策，尤其是机关事业单位工作人员不需要缴纳养老保险费，却可在退休后享受到几乎全额的退休工资。由于机关事业单位的经费基本由财政负担，因而机关事业单位的单位养老

---

① 人社部:《新农保、城居保参保人数已达 4.88 亿》，载“中国网财经”，http://finance.ifeng.com/a/20140226/11751610_0.shtml，2014 年 2 月 26 日。

实质是财政养老。随着老龄化社会的来临，越来越多的机关事业单位工作人员开始领取退休金，这不仅给各级财政造成了沉重的负担，还因与企业职工养老待遇之间存在悬殊差别而引起社会的普遍不满。养老制度“双轨制”的存在不利于公平、正义、共享的社会保障制度的建立健全，也不利于建设社会主义和谐社会的构建。因此，机关事业单位的养老保险改革已势在必行。

实际上，我国早在20世纪90年代就开始机关事业单位的养老保险改革试点。1994年，我国选取了云南、江苏、福建、山东、辽宁、山西等省市的不同范围的人员进行机关事业单位养老保险改革试点。到2005年底，全国有28个省、自治区、直辖市的283个地市、1718个县市，开展了机关事业单位养老保险改革试点。参加养老保险的职工达到1772万人，其中，在职员工为1410万人，离退休人员为362万人。但是，这次改革受到机关事业单位人员尤其是事业单位人员的普遍抵制。试点受到抵制的原因主要有三：一是很多地方只对事业单位人员进行改革试点，机关单位工作人员不在改革范围之内，改革对象有失偏颇。二是没有妥善解决历史欠账问题，没有明确机关事业单位工作人员已经工作年限的缴费主体与待遇标准。三是没有规定为机关事业单位人员建立职业年金，50%左右的养老金替代率引发工作人员对退休待遇的普遍忧虑。因此，始于20世纪的机关事业单位的养老保险改革试点基本以失败告终。

2012年，党的十八大报告提出，要“改革和完善企业和机关事业单位社会保险制度”；2013年，党的十八届三中全会提出，“推进机关事业单位养老保险改革”。李克强总理在政府工作报告“2014年工作总体部署”中明确提出，“改革机关事业单位养老保险制度”，这被认为是指出了机关事业单位养老保险制度改革的时间表。大约3700万机关事业单位人员的养老保险制度改革重新提上日程。2015年，国务院作出《关于机关事业单位工作人员养老保险制度改革的决定》，要求自2014年10月1日开始实施。2014年10月1日成为机关事业单位养老保险制度改革的正式起始时间。鉴于此前事业单位养老保险制度改革失败居多的经验教训，本次机关事业单位养老保险制度改革贯彻“一个统一，五个同步”的基本思路，在设计之初就做到制度“全国一盘棋”。所谓“一个统一”，即党政机关、事业单位建立与企业相同的养老保险制度，实行单位和个人缴费，改革退休费计发办法，从体制和机制上化解“双轨制”矛盾。所谓“五个同步”，即机关与事业单位同步改革，职业年金与基本养老保险制度同步建立，养老保险制度改革与完善工资制度同步推进，待遇调整机制与计发办法同步改革，改革在全国范围内同步实施。“一个统一，五个同步”对于减少机关事业单位养老保险制度改革的内部阻力、促进企业与机关事业单位养老保险的制度并轨、保障养老保险制度的公正公平等起到了重要作用。

第三节　医疗保险制度的变化

一、城镇职工医疗保险制度的变化

城镇职工医疗保险制度是我国最早开始建立的医疗保险制度。随着时间推移，城镇职工医疗保险制度的覆盖范围逐渐扩大，医疗保险报销比例明显提高，城镇职工的医疗负担显著降低。1998 年，国务院发布《关于建立城镇职工基本医疗保险制度的决定》，要求城镇所有用人单位及其职工都参加基本医疗保险，但未强制规定乡镇企业及其职工、城镇个体经济组织业主及其从业人员是否参加基本医疗保险的问题。根据《中共中央关于完善社会主义市场经济体制若干问题的决定》关于进一步改革城镇职工基本医疗保险制度的精神，为进一步扩大医疗保险覆盖面，完善医疗保险制度，2004 年，劳动和社会保障部办公厅发布《关于推进混合所有制企业和非公有制经济组织从业人员参加医疗保险的意见》，将混合所有制企业和非公有制经济组织从业人员纳入城镇职工基本医疗保险的范围，扩展了城镇职工医疗保险的覆盖范围。截至 2012 年底，全国参加城镇职工基本医疗保险的人数约为 26486 万人，比上年末增加约 1258 万人；至 2013 年底，参加城镇职工基本医疗保险的人数上升至约 27443 万人，比 2012 年约增加 957 万人；2012 年政策范围内住院医疗费用基金支付比例为 81%，2013 年该比例上升至 81.9%。

二、城镇居民医疗保险制度的建立与发展

与城镇职工甚至新型农村合作医疗保险相比，城镇居民的医疗保险问题长期处于被忽略的境地。2007 年，国务院下发《关于开展城镇居民基本医疗保险试点的指导意见》，主要目的就是覆盖城镇非从业居民，实现基本建立覆盖城乡全体居民的医疗保障体系的目标。我国高度重视城镇居民的医疗保险问题，对城镇居民医疗保险的补助标准连年提高，从 2008 年的每人每年 80 元提高至 2013 年的 280 元。与此同时，城镇居民医疗保险的参保人数与政策范围内住院

医疗费用的基金支付比例都大幅攀升。截至2012年底,全国参加城镇居民医疗保险的人数为27156万人,比上年末增加5040万人。2013年底,参保人数为29629万人,比2012年增加约2473万人。2012年,城镇居民医疗保险政策范围内住院医疗费用基金支付比例为64%;2013年,二级及以下医疗机构政策范围内住院医疗费用基金支付比例上升至71.3%。城镇居民医疗保险制度的建立和发展,对于减轻非就业居民的医疗负担、缓解紧张的医患关系、保障城镇居民身体健康发挥了重要作用。

三、新型农村合作医疗保险制度的建立与发展

我国农村居民基本医疗保险制度的建立晚于城镇职工基本医疗保险制度。长期以来,农民因病致贫、因病返贫的现象比较严重。2002年10月,《中共中央国务院关于进一步加强农村卫生工作的决定》明确指出:要"逐步建立以大病统筹为主的新型农村合作医疗制度","到2010年,新型农村合作医疗制度要基本覆盖农村居民",这是我国着手建立新型农村合作医疗保险制度的开端。2006年,卫生部、国家发展改革委、民政部、财政部、农业部、国家食品药品监管局、国家中医药局发出《关于加快推进新型农村合作医疗试点工作的通知》,要求在新农合前期试点的基础上,调整相关政策,加大中央和地方财政的支持力度,完善合作医疗资金筹集和监管机制,解决好贫困农民的看病就医问题,积极推进新农合工作。2012年,国家发展改革委等部委发布《关于开展城乡居民大病保险工作的指导意见》,对大病医疗保险问题作了重要指示。农村的大病医保试点始于2010年,此后每年都增加大病病种至8类病种;2012年,1/3的新农合大病统筹试点地区增加12类大病医保病种;2013年,20类大病医保病种在全国范围内推开。

自实施新型农村合作医疗保险制度以来,我国致力于扩大新农合的覆盖面,提高新农合的筹资水平与报销比例,切实解决农村居民看病难、看病贵的问题。2009年,新农合的人均筹资水平为110元,参合率为94%;2012年,新农合的人均筹资水平提高到300元,参合率达到98%;2013年,新农合的人均筹资水平为340元,全国住院实际补偿比平均达到60%左右。根据相关统计,全国有15亿人次享受到新农合补偿,农民住院自负费用占人均年收入的比重从2011年的28%下降到24%,政府为居民购买的大病医保的报销比例更是可达到90%左右。各级政府对新农合制度在观念上的重视与财政上的支持使得新

农合在短期内得到迅猛发展，随着覆盖范围的扩大与报销比例的提高，越来越多的农民从该制度中受益。

四、新型农村合作医疗保险与城镇居民医疗保险的并轨

新型农村合作医疗保险与城镇居民医疗保险在性质上都以政府财政出资为主、个人出资为辅，并且二者的政府财政补助数额相同，仅是个人筹资部分有所差异。但因为城乡居民身份的不同，二者在管理机构、报销范围、报销比例等各方面存在较大差异，且相互之间缺乏必要的衔接融通途径。新型城镇化建设要吸引大量农村居民进入城市，城乡医疗保险的相互独立与待遇差异一定程度上阻碍了农民向城市的自由流动，而分属卫生部门以及人社部门两套系统管理的城乡居民医保在信息系统建设、管理人员配置等各方面都存在成本较高的问题，因此整合新农合与城居保的呼声越来越高。2013 年 1 月 1 日，东营市在山东省率先打破城镇二元机制，实行城乡居民医疗保险制度，政府为城乡居民提供相同标准的补助，城乡居民同城同待遇享受医保。东营市的实践证明，新农合与城居保的并轨不仅在理论上是可行的，在实践中也是较易实现的。新农合与城居保的并轨有助于打破户籍差异造成的城乡二元化，弥合城乡差距，畅通农村居民向城市的转移渠道，因此二者的并轨是大势所趋。

五、机关事业单位公费医疗制度改革与医疗保险制度的建立

我国从 1952 年开始实行公费医疗制度，公费医疗不仅浪费了大量医疗资源，而且存在就医医院数量少、手续繁琐及异地就医困难等问题，至 20 世纪 90 年代，公费医疗制度已难以为继，公费医疗制度改革提上日程。2012 年，我国已有 80％左右的地区的公费医疗转向了城镇职工医疗保险。机关事业单位的公费医疗改革一般以不降低医疗保障待遇为前提，且机关单位与事业单位的改革同时进行，因而在改革中所受阻力并不大。但北京、广东、山东、江西、江苏、湖北等省的公费医疗改革却并不彻底，直至 2012 年，北京才将市级 22 万公费医疗人员全部纳入城镇职工医疗保险，到 2013 年，山东省省直机关事业单位才由公费医疗转为省直医疗保险。机关事业单位加入医疗保险大大增强了医疗保险的共济性，且有助于形成公平、公正、合理的医疗保障制度。

第五章

我国现行社会保障法律制度

"社会保障"这一词语最早出现在1935年美国《社会保障法》中，国际劳工组织于1944年在《关于国际劳工组织的目的与宗旨的宣言》(又称《费城宣言》)中使用之。1986年，我国《国民经济和社会发展第七个五年计划》提出："要有步骤地建立起具有中国特色的社会主义的社会保障制度雏形。建立健全社会保险制度，进一步发展社会福利事业，继续做好优抚、救济工作。"这是我国第一次在官方文件中使用"社会保障"一词。2001年，《国民经济和社会发展第十个五年计划纲要》进一步提出："在健全社会保险制度的同时，继续发展社会福利、社会救济、优抚安置和社会互助等社会保障事业，推进社会福利的社会化进程。"由此可知，我国社会保障制度主要包括社会保险制度、社会救助制度、社会福利制度和社会优抚制度等。健全和完善社会保障制度是新型城镇化建设的前提和基础。近年来，我国社会保障在制度构建、覆盖范围、待遇水平、管理水平等方面都取得了较大成绩，为引导农村居民到城市定居、促进城乡和谐发展做出了重要的贡献。

第一节　社会保险制度

所谓社会保险，是由国家立法规范，面向最重要的社会群体——劳动者建立的一种强制性社会保障制度，它突出以劳动权利为基础，强调权利与义务相结合，并由雇主与劳动者缴费形成各项社会保险基金，以解除劳动者在养老、疾病医疗、职业伤害、失业等方面的后顾之忧为目标，是促进劳资关系和谐和维护劳动者福利权益的根本性制度保障。[①] 社会保险制度包括养老保险制度、医疗保险制度、工伤保险制度、失业保险制度与生育保险制度。

社会保险是社会保障的核心内容，与社会救济、社会福利以及社会优抚等共同构成了我国的社会保障制度。与社会救济、社会福利以及社会优抚制度相比，社会保险制度主要具有以下特征：

1. 国家强制性

社会保险制度多由国家通过立法形式强制实施，法律规定范围内的用人单位及个人必须参加社会保险，并按照法律规定的缴费水平、缴费期限等承担缴费义务，在满足一定条件时享受法律规定的待遇水平。这也是其他国家社会保险法都具备的特征之一。

2. 权利义务对等性

与社会救济、社会福利和社会优抚制度不同，社会保险法强调用人单位及个人权利义务的对等性，用人单位及个人只有承担相应的缴费义务，才能享受相应的社会保险权利，不履行缴费或其他义务则不能享受社会保险权利。

3. 覆盖全面性

社会保险制度旨在分散社会发展带给劳动者的风险，为劳动者提供养老、医疗、工伤、失业与生育等方面的基本保障，因此以全体国民为保障对象。我国的社会保险制度经过多年的发展，覆盖范围已从原来的城镇企业职工逐渐扩大至城镇居民、农村居民以及机关事业单位工作人员，覆盖全体国民的现代社会保险制度越来越完善。

4. 统筹互济性

社会保险按照社会共担风险原则进行组织，社会保险费由国家、用人单位和个人三方按照一定比例共同负担，通过建立社会保险基金做大社会保险的池子，通过社会保险基金的统筹调剂使用分散用人单位和个人的风险。社会保险的统筹层次越高，越有利于分散风险。因此，我国社会保险制度应进一步提高统筹层次，更好地发挥社会保险基金的互济功能。

5. 社会公平性

社会保险强调打破农村与城镇、企业或机关事业的身份限制，公平对待每个劳动者，并确保其在遇到风险时能够得到帮助。我国原有社会保险制度以户

---

① 参见郑功成：《社会保险是事关基本民生的重大制度安排》，载 2008 年 1 月 7 日《光明日报》。

籍身份为依据建立，有农村与城镇的区分，有企业职工或灵活就业人员以及机关事业单位工作人员的差别，社会保险制度的公平性受到损害。新型城镇化建设要求打破户籍限制，要求每个社会成员公平分享经济社会发展成果，因此各项社会保障制度的融合统一将会逐渐实现。

6. 补偿有限性

社会保险给予参加者的物质帮助限于收入损失的补偿，即劳动者必须在劳动中断、收入中断时才有权得到补偿，这种补偿以保障劳动者失去劳动能力后的基本生活为标准，而非以维持其原有生活为标准，也就是说社会保险所提供的补偿具有有限性。同时，为鼓励更多劳动者参加社会保险，法律规定多缴多得、长缴多得，劳动者所获得的补偿与缴费水平及缴费时间有着直接关系。

7. 水平适度性

社会保险是与收入水平相关联的再分配手段，必须建立在相应的经济发展水平之上。这是因为，产业结构与就业结构的发展变化及其创造的经济发展水平，直接影响着社会保险制度的建设。同时，社会保险制度的实施需要相应的国家财力支撑，需要考虑到劳动者的实际需要，还要考虑到劳资双方的缴费承受能力及国家财政可承受的扶持力度。① 过低或过高的社会保障水平都不利于劳动力的持续性，并可能拖累经济与社会发展，因此，社会保险必须确定在适度的水平。

一、养老保险制度

养老保险制度，是指国家通过立法形式强制向用人单位和个人征收养老保险费，并形成养老保险基金，当劳动者退休后由国家支付退休金，以保证其基本生活需要的社会保障制度。由于年老导致劳动能力丧失是人生不可避免的社会问题，因此养老保险是世界各国普遍实行的社会保障制度。我国现行养老保险制度主要依据《中华人民共和国社会保险法》(2010 年)、《实施〈中华人民共和国社会保险法〉若干规定》(2011 年)、国务院《关于开展新型农村社会养老保险试点的指导意见》(2009 年)、国务院《关于开展城镇居民社会养老保险试点的指导意见》(2011 年)、国务院《关于建立统一的城乡居民基本养老保险制度的意见》(2014 年)以及《城乡养老保险制度衔接暂行办法》(2014 年)等法律法规或

① 参见张民省等:《继承与完善:中国社会保障理论与实践体系研究》，科学出版社 2012 年版，第 204 页。

政策文件建设和运行。

（一）养老保险制度的特征

养老保险制度的目的在于保障老年人的基本生活需求，为其提供稳定可靠的生活来源。与其他社会保险制度相比，养老保险制度具有以下特征：

1. 参保缴费的强制性

由于养老保险对保障退休人员的基本生活具有极其重要的作用，各个国家一般通过立法形式强制实施养老保险制度，即用人单位与个人必须按照法律规定的缴费标准、缴费时间等参加养老保险，符合条件的老年人在退休后依据法律规定享受养老待遇。

2. 制度运行的长期性

时间跨度较长是养老保险的显著特点。一是制度运行具有长期性，养老保险制度的设计、运行需要将近一个世纪的时间，并在几代人之间进行资金的分配。二是缴费具有长期性，劳动者从缴纳养老保险费到享受养老保险待遇需要经过十几年甚至几十年的时间。三是享受待遇具有长期性，参加养老保险的人员一旦达到享受待遇的条件，就可以长期享受养老保险待遇直至死亡。

3. 权利义务的对等性

对于国家而言，只要劳动者依法参保缴费，在劳动者满足条件时国家就必须为其提供法律规定的养老保险待遇。对于劳动者而言，大多数国家规定，劳动者只有履行法律规定的义务才能享受养老保险待遇，如依法参加养老保险、依法缴纳基本养老保险费，并达到规定的最低缴费年限；劳动者的养老待遇标准与其缴费时间长短以及缴费数额高低成正相关关系，缴费时间越长、缴费水平越高，则养老标准越高。

4. 参加保险与享受待遇的一致性

工伤、失业等风险的发生在人的一生中并不确定，但对养老保险而言，参加养老保险与享受养老待遇具有一致性，因为几乎人人都会进入老年，都需要养老，参加养老保险的人们一旦进入老年，就可以享受养老保险待遇。

5. 养老保险基金筹集的多样性

养老保险基金主要用于保障达到退休年龄的劳动者的基本生活，其来源包括但不限于：用人单位和职工、城镇个体劳动者缴纳的基本养老保险费，基本养老保险基金的利息等增值收益，基本养老保险费滞纳金、社会捐赠、财政补贴，及应当纳入基本养老保险基金的其他资金。

(二)养老保险制度的主要内容

我国养老保险制度包括退休年龄、退休待遇、养老保险基金的筹集与养老保险待遇发放标准等主要内容。

1. 退休年龄

退休年龄是指劳动者达到法律规定的年龄退出劳动并开始领取养老保险费的年龄。我国养老保险的享受条件包括达到退休年龄与连续工作满十年。1978 年,《国务院关于安置老弱病残干部的暂行办法》和《国务院关于工人退休、退职的暂行办法》规定:我国的退休年龄是男性 60 周岁、女性干部 55 周岁、女性工人 50 周岁;从事井下、高温、高空、特殊繁重体力劳动或其他有害身体健康工作的,退休年龄男年满 55 岁,女年满 45 岁;因病或非因工致残,由医院证明并经劳动鉴定委员会确认完全丧失劳动能力的,退休年龄为年满 50 周岁,女年满 45 周岁。2006 年生效的《中华人民共和国公务员法》没有明确规定公务员的退休年龄。该法第 87 条规定:“公务员达到国家规定的退休年龄或者完全丧失工作能力的,应当退休。”这说明公务员的退休年龄仍然沿用 1978 年的规定。但《公务员法》第 88 条较为详细地规定了公务员提前退休的情形。①

受计划生育政策与人均寿命延长的叠加影响,我国人口老龄化的现象非常严重,养老保险基金的支出压力日益加大,国内关于延迟退休的呼声很高。2015 年,我国决定实施“渐进式延迟退休”,最新延迟退休方法最早于 2022 年开始实施。2015 年,中组部与人力资源和社会保障部发出专门针对党政机关与事业单位女职工退休年龄的通知。该通知规定:“党政机关、人民团体中正副县处级及相应职务层次女干部,事业单位中任党务、行政管理的相当于正副处级女干部、具有高级职称的女性专业技术人员,年满 60 周岁退休。”

2. 退休待遇

目前,退休养老待遇分退休和离休两种:退休是指职工按规定年龄从生产工作岗位退下来的情况;离休是指在新中国成立前,参加过革命工作的干部到了规定年龄,可以离职休养。以下仅为退休待遇规定。

我国现行的退休待遇规定是:符合条件的退休工人,抗日战争时期参加工作的发给标准工资的 90%;解放战争时期参加工作的发给工资的 80%,新中国

① 《公务员法》第 88 条规定:“公务员符合下列条件之一的,本人自愿提出申请,经任免机关批准,可以提前退休:(一)工作年限满三十年的;(二)距国家规定的退休年龄不足五年,且工作年限满二十年的;(三)符合国家规定的可以提前退休的其他情形的。”

成立以后参加工作的按工龄长短发给60%～75%。现在，各地对上述规定都进行了调整，补助标准也不够统一。一般对新中国成立前参加工作、工龄满30年的工人补贴原工资的95%～100%；1952年前参加工作的补到工资的90%～95%，也有的对1957年年底以前参加工作的给予补贴。按有关规定领取原工资100%的退休工人，也属于退休职工范围。[①]

现行法律、行政法规等关于退休年龄与退休待遇的规定并不包括农民。虽然国家为保证农民"老有所养，老有所依"做了大量的工作，如年满60周岁的农民每月能领取一定数额的基础养老金，以及鼓励农民积极参加养老保险并给予一定的资金补贴，但是"农民退休"问题似乎还是一个不是问题的问题。现在已经有人提出，随着国家实力的增强和农村经济社会的发展，应当逐步建立起职业农民退休制度，强化职业农民养老制度保障。全国政协委员、贵州省政协主席王富玉就提出，要创新社会保障制度，把农村人口统一纳入到城镇的医疗保险、养老保险、失业保险等社会保障体系中，整合高龄补贴、农村最低生活保障、"五保户"供养等政策资源，参照工业企业职工社会保障标准，制定出台公共政策。在全国范围内建立以养老保险为核心的职业农民社会保障机制，让年满60周岁的农民退出农业生产经营，由政府根据养老保险实际需要发放养老金，改变家庭养老和土地养老模式，使职业农民养老问题得到制度保障。新型城镇化建设呼吁城乡社会保障制度的统一，最重要的就是养老保险制度的统一，农民退休问题终将浮出水面。

实际上，有些国家和地区已经有了完善的老年农民退休制度。比如，法国政府早于20世纪70年代就作出对农民发放终生养老金的决定，还对老年农民实行退休金制度。我国台湾地区则为年满65岁的老年农民发放老年津贴，2011年又将老年渔民纳入发放对象，并且自2011年开始，还依据居民消费价格指数每四年调整一次老年津贴。实行农民退休制度的好处是显而易见的。首先，这是城乡老年人平等的需要。只有实行农民退休制度，城乡老年人才能真正平等；否则，只是因为城乡户籍的差异，农民就得60岁甚至70、80岁的高龄仍在辛苦劳动，而不可能像城市老年人一样安享晚年生活。其次，这是农业经营集约高效的需要。法国政府对农民发放终生养老金的决定促使44万老年农民离开农业，集中了900多万公顷的土地，相当于全部农用土地的1/4。我国的

---

① 参见张民省等:《继承与完善:中国社会保障理论与实践体系研究》，科学出版社2012年版，第216页。

新型城镇化建设促进了城镇的发展，但农村、农民、农业的发展问题却没有较好解决。农业的高效集约化经营已是大势所趋，但在实践中却遭遇重重阻力。农业集约经营不受欢迎的原因之一就在于，如果农民失去土地则几乎失去了所有保障。如果我们能够像法国以及我国台湾地区一样实行职业农民的退休制度或津贴制度，由政府为老年农民提供如同城镇老年居民一样的、足以维持体面生存与生活的物质保障，大多数农民还是愿意以土地换保障的。农民退休，既可以实现城乡居民平等，又可以集中土地进行规模经营。这实际是农民与农业的双赢，更是制度公平公正的体现。

3. 养老保险基金的筹集

(1)基本养老保险基金的筹集

20 世纪 80 年代以前，我国社会保障筹资模式采取现收现付制，国家机关、事业单位职工的社会保险等均由政府预算拨款。这种模式充分发挥了基金的互助共济功能，但不利于鼓励用人单位与职工个人积极缴费，退休职工的养老待遇也容易受到影响。1995 年，国务院发布《关于深化企业职工养老保险制度的改革通知》《企业职工基本养老保险社会统筹和个人账户相结合实施办法之一》及《企业职工基本养老保险社会统筹和个人账户相结合实施办法之二》，确立了社会统筹和个人账户相结合的养老保险新模式。社会统筹和个人账户相结合的筹资模式是我国根据自己的国情创造性实施的养老保险改革模式，就是在基本养老保险基金的筹集上采用传统型基本养老保险费用的筹集模式，由国家、单位和个人共同负担；基本养老保险基金实行社会互济；在基本养老金的计发上采用结构式的计发办法，强调个人账户养老金的激励因素和劳动贡献差别。因此，该制度既吸收了传统型的养老保险制度的优点，又借鉴了个人账户模式的长处；既体现了传统意义上的社会保险的社会互济、分散风险、保障性强的特点，又强调了职工的自我保障意识和激励机制。[①]

针对养老保险仅覆盖企业职工、各地缴费比例不一、个人账户空账运行、社会统筹基金统筹层次低等现实问题，国务院于 2005 年发布《关于完善企业职工基本养老保险制度的决定》。该决定规定，用人单位(企业)缴费比例一般不超过企业工资总额的 20%，个人缴费比例为本人工资总额的 8%，个人账户全部由个人缴费构成，单位缴费不再划入个人账户而是全部进入社会统筹基金调剂

① 参见张民省等:《继承与完善:中国社会保障理论与实践体系研究》，科学出版社 2012 年版，第 216～217 页。

使用。该决定还要求,城镇各类企业职工、个体工商户和灵活就业人员都要参加企业职工基本养老保险,其参加基本养老保险的缴费基数为当地上年度在岗职工平均工资,缴费比例为20%,其中8%计入个人账户。决定还要求逐步做实个人账户,加快提高养老保险基金的统筹层次,在完善市级统筹基础上实现省级统筹。

2015年,国务院发布《机关事业单位工作人员养老保险制度改革的决定》。按照决定规定,机关事业单位养老保险制度改革后与企业职工养老保险制度的筹资模式与缴费比例完全相同,即机关事业单位养老保险实行社会统筹与个人账户相结合的筹资模式,基本养老保险费由单位和个人共同负担。单位缴纳基本养老保险费的比例为本单位工资总额的20%,个人缴纳基本养老保险费的比例为本人缴费工资的8%。按本人缴费工资8%的数额建立基本养老保险的个人账户,个人工资总额超过当地上年度在岗职工平均工资300%以上的部分,不计入个人缴费工资基数;低于当地上年度在岗职工平均工资60%的,按当地在岗职工平均工资的60%计算个人缴费工资基数。

2009年,国务院《关于开展新型农村社会养老保险试点的指导意见》中指出,新型农村社会养老保险基金由个人缴费、集体补助和政府补贴三部分构成,个人缴费标准设为每年100元、200元、300元、400元、500元五个档次,有条件的村集体应当对参保人缴费给予补助,政府对符合领取条件的参保人全额支付新农保基础养老金。地方政府应当对参保人缴费给予补贴,补贴标准不低于每人每年30元,对农村重度残疾人等缴费困难群体,地方政府为其代缴部分或全部最低标准的养老保险费。国家为每个新农保参保人建立终身记录的养老保险个人账户,个人缴费、集体补助及其他经济组织、社会公益组织、个人对参保人缴费的资助及地方政府对参保人的缴费补贴,全部记入个人账户。

2011年,国务院《关于开展城镇居民社会养老保险试点的指导意见》中规定的城镇居民社会养老保险基金的构成、政府补贴与补贴标准、个人账户建立等与新农保完全相同,唯一的区别在于城镇居民社会养老保险的缴费标准设为每年100元、200元、300元、400元、500元、600元、700元、800元、900元、1000元十个档次。

(2)补充养老保险基金的筹集

为了保障退休人员的退休待遇,国家还规定实行企业年金与职业年金制度。2005年,国务院《关于完善企业职工基本养老保险制度的决定》要求,具备条件的企业为职工建立企业年金,企业年金基金实行完全积累,采取市场化的方式进行管理和运营；做好企业年金基金的监管工作，实现规范运作。2004年，劳动和社会保障部发布了《企业年金试行办法》。该办法第8条规定了企业年金的缴费比例，即“企业缴费每年不超过本企业上年度职工工资总额的1/12。企业和职工个人缴费合计一般不超过本企业上年度职工工资总额的1/6”。

2015年，国务院关于《机关事业单位工作人员养老保险制度改革的决定》要求，建立职业年金制度，即“机关事业单位在参加基本养老保险的基础上，应当为其工作人员建立职业年金。单位按本单位工资总额的8%缴费，个人按本人缴费工资的4%缴费。工作人员退休后，按月领取职业年金待遇”。

4. 养老保险发放标准

2005年，《关于完善企业职工基本养老保险制度的决定》规定，决定实施后参加工作、缴费年限(含视同缴费年限)累计满15年的人员，退休后按月发给基本养老金。基本养老金由基础养老金和个人账户养老金组成，退休时的基础养老金月标准以当地上年度在岗职工月平均工资和本人指数化月平均缴费工资的平均值为基数，缴费每满一年发给1%；个人账户养老金月标准为个人账户储存额除以计发月数，计发月数根据职工退休时城镇人口平均预期寿命、本人退休年龄、利息等因素确定。决定还规定，决定实施后到达退休年龄但缴费年限不满15年的人员，不发给基础养老金，个人账户储存额一次性支付给本人，终止基本养老保险关系。该条规定不利于鼓励职工积极参保，2010年《社会保险法》对此作了改变。《社会保险法》第16条规定：“参加基本养老保险的个人，达到法定退休年龄时累计缴费不足十五年的，可以缴费至满十五年，按月领取基本养老金；也可以转入新型农村社会养老保险或者城镇居民社会养老保险，按照国务院规定享受相应的养老保险待遇。”

2015年，《国务院关于机关事业单位工作人员养老保险制度改革的决定》，在机关事业单位工作人员养老保险待遇标准方面采取了与企业职工养老保险相同的计发办法。

新农保与城居保的养老金待遇由基础养老金和个人账户养老金组成，支付终身。中央确定的基础养老金标准为每人每月55元(2015年起全国基础养老金最低标准上调至每人每月70元)，地方政府可根据实际情况提高基础养老金标准，对于长期缴费的农村居民或城镇居民，可适当加发基础养老金，基础养老金由国家财政全部保证支付。个人账户养老金为个人账户总额除以139，参保人死亡，个人账户中的资金余额，除政府补贴外，可以依法继承。

二、医疗保险制度

医疗保险，是指由国家立法，通过强制性社会保险原则和方法筹集医疗资金，保障人们平等地获得适当的医疗照顾，同时补偿因疾病风险造成的经济损失而建立的一种社会保险制度。[①] 我国的医疗保险制度主要由《社会保险法》、人力资源和社会保障部等《关于全面开展城镇居民基本医疗保险工作的通知》(2009 年)、卫生部等《关于加快推进新型农村合作医疗试点工作的通知》(2006 年)以及国家发展改革委等部委《关于开展城乡居民大病保险工作的指导意见》(2012 年)等法律法规和政策文件予以规范。

(一)医疗保险制度的特征

1. 参保缴费具有一定的国家强制性

医疗保险是由国家为国民提供的、保障其在发生医疗行为时能够获得适当的医疗照顾及医疗费用补偿的制度。根据《社会保险法》规定，城镇职工必须参加医疗保险，因此医疗保险的参保缴费具有一定的国家强制性。法律虽未明示城镇居民与农村居民是否必须参加城镇居民医疗保险或新型农村合作医疗保险，实践中各地亦多采取自愿原则，但就城居保与新农保近乎 100%的参保率来看，医疗保险因其医疗保障与医疗补偿功能而对普通居民具有较大吸引力。因此，社会保险法若明确规定城乡居民必须参加医疗保险，既符合参保居民的切身利益，又符合社会保险制度的大数法则。

2. 保障对象具有普遍性

任何人的一生都不可避免地要生病，因此医疗保险的保障对象原则上应具有普遍性，即每个人都应该成为医疗保险的保障对象。

3. 医疗补偿具有短期性和经常性

疾病的发生具有随机性和突发性，与具有长期性的养老保险和失业保险不同的是，医疗保险仅在疾病发生时才能提供医疗补偿，具有短期性的特点，而疾病的发生又是经常性的，医疗补偿也就具有了经常性的特点。

4. 涉及主体具有复杂性

医疗保险的主体涉及社会保险机构、被保险人、单位或雇主、医疗机构以及

① 参见张民省等:《继承与完善:中国社会保障理论和实践体系研究》，科学出版社 2012 年版，第 218 页。

政府等,主体的复杂性增加了医疗保险的复杂性。

(二)我国的基本医疗保险制度

由于我国目前仍然延续着城乡分割的二元局面,医疗保险制度的构成相对较为复杂,现在主要包括城镇职工医疗保险制度、城镇居民基本医疗保险制度与新型农村合作医疗保险制度三种。

1. 城镇职工基本医疗保险制度

城镇职工基本医疗保险是指用人单位和个人共同缴费建立医疗保险基金,参保人员患病就诊发生医疗费用后,由医疗保险经办机构按照一定标准给予一定的经济补偿,以此减轻参保人员的经济负担。城镇职工基本医疗保险是我国建立时间最早、制度最为完善的社会保险。

按照《社会保险法》规定,城镇所有用人单位(包括企业、机关、事业单位、社会团体、民办非企业单位)及其职工都要参加基本医疗保险。医疗保险费由用人单位和职工共同负责,用人单位缴费率控制在在职职工工资总额的6%左右,职工缴费率一般为本人工资收入的2%。城镇职工基本医疗保险实行属地管理,医疗保险基金实行社会统筹和个人账户相结合,原则上以地级以上行政区为统筹单位,也可以县(市)为统筹单位。用人单位缴纳的基本医疗保险费分为两部分:一部分用于建立统筹基金,一部分划入个人账户,划入个人账户的比例一般为用人单位缴费的30%左右,具体比例根据个人账户的支付范围和职工年龄等因素确定;个人缴纳的基本医疗保险费全部计入个人账户。统筹基金的起付标准原则上为当地职工年平均工资的10%左右,起付标准以下的医疗费用由个人账户支付或个人自付;统筹基金的最高支付限额原则上为当地职工年平均工资的4倍左右,起付标准以上、最高支付限额以下的医疗费用主要从统筹基金支付,个人亦负担一定比例。

2. 城镇居民基本医疗保险制度

城镇居民基本医疗保险是指以城镇未成年人和没有工作的居民为主要参保对象,由政府组织实施,以个人和家庭缴费为主,政府给予适度补助的医疗保险制度。符合条件的老年人、残疾人、低保对象等城镇困难居民的参保费用,主要由财政予以补助。

城镇居民基本医疗保险坚持低水平起步,个人和家庭缴费标准相对较低(最初为每年80元或100元),主要用于补偿住院医疗费用支出。城镇居民基本医疗保险实行属地管理,统筹层次以县(市)级为主。城镇居民医疗保险基金的使用坚持以收定支、收支平衡、略有结余的原则，保证基金的长期健康运行。随着个人和家庭缴费标准的提高及政府补助的增加，城镇居民基本医疗保险的报销病种每年都有扩展，报销比例亦有所提高。

城镇居民基本医疗保险是国家对于城镇非就业居民的医疗待遇作出的制度性安排，对于提高城镇居民的医疗待遇、缓解城镇居民就医的经济压力起到了重要作用，同时也为实现医疗保险的制度公平奠定了基础。

3. 新型农村合作医疗保险制度

新型农村合作医疗保险制度是以农村居民为参保对象，由政府组织、引导和支持，农民自愿参加，以个人缴费为主，集体予以扶持和政府给予补贴，以大病统筹为主的农民医疗互助共济制度。

新型农村合作医疗保险的缴费数额较城镇居民基本医疗保险为低，主要用于补偿参保农民的住院医疗费用支出。新型农村合作医疗保险亦实行属地管理，统筹层次为县(市)级。新型农村合作医疗保险制度的建立对于解决农村居民医疗问题、实现城乡医疗制度公平起到了重要作用。

（三）政府主导下的商业医疗保险制度

城镇职工基本医疗保险、城镇居民基本医疗保险与新型农村合作医疗保险等仅为国民提供基本医疗保障，但不足以满足国民更高层次的医疗需求，因此需要以补充医疗保险以及大病医疗保险制度作为基本医疗保险的辅助。补充医疗保险与大病医疗保险的特色在于其并非采取完全的商业保险模式，而是政府主导下的商业保险。政府主导下的商业保险模式，既可以进一步减轻参保人的医疗负担，又能够保证制度的长期性、稳定性与有效性。

1. 补充医疗保险制度

所谓补充医疗保险，指在单位和职工参加统一的基本医疗保险后，由单位或个人根据需求适当增加医疗保险项目、提高保险保障水平的一种补充性保险。补充医疗保险包括企业补充医疗保险、商业医疗保险、社会互助和社区医疗保险等多种方式。

2. 城乡居民大病医疗保险制度

城乡居民大病医疗保险是指在基本医疗保障的基础上，对大病患者发生的高额医疗费用给予进一步保障的制度性安排。大病医疗保险的保障对象是城镇居民基本医疗保险、新型农村合作医疗保险的参保人，所需要的资金从城镇居民医保基金、新农合基金中划出，个人不需缴费。

城镇居民基本医疗保险、新型农村合作医疗保险的全面实施虽然使人民群众的看病就医有了基本的保障，但是保障水平还比较低，因病致贫、因病返贫现象还较为突出。为解决这一问题，2012 年 8 月，国家发改委、卫生部、财政部、人社部、民政部、保险监督管理委员会等六部门公布《关于开展城乡居民大病保险工作的指导意见》。该意见要求，大病医疗保险实行市（地）级统筹，也可探索全省（区、市）级统一政策、统一组织实施，有条件的地方还可以探索建立覆盖职工、城镇居民、农村居民的统一的大病保险制度；大病保险对合规医疗费用在基本医保已经报销的基础上再次给予报销，实际支付比例不低于 50%，原则上医疗费用越高支付比例越高；大病医疗保险由政府主导，采取向商业保险机构购买大病保险的方式，通过政府招标选定承办大病保险的商业保险机构，以保险合同的形式由商业保险公司承办大病保险，承担经营风险并自负盈亏。

三、工伤保险制度

工伤保险，是指由国家通过立法强制实施的，为在生产、工作中遭受意外事故或职业病伤害的劳动者及其家属提供医疗服务、生活保障、经济补偿等物质帮助的制度。[①] 工伤保险是各国普遍存在的社会保险类别。我国现行工伤保险制度主要依据包括《工伤保险条例》（2010 年修订）、《工伤认定办法》（2010 年修订）、《工伤职工劳动能力鉴定管理办法》（2014 年）、人力资源部《关于执行〈工伤保险条例〉若干问题的意见》（2013 年）、最高人民法院《关于审理工伤保险行政案件若干问题的规定》（2014 年）等法律法规及司法解释。

（一）工伤保险的特征

1. 强制性

由于工伤保险对于减轻用人单位的工伤补偿压力、保障受伤职工及其家庭的基本生活具有重要作用，因此各国法律一般都规定工伤保险由国家强制执行，规定范围内的用人单位和就业者必须按照法律规定参加工伤保险。

2. 非营利性

社会保险是国家对劳动者履行的社会责任，是劳动者应该享受的基本权利，因而社会保险均不以盈利为目的，工伤保险亦不例外。

① 参见马斌主编：《社会保障理论与实践》，中国劳动社会出版社 2006 年版，第 167 页。

3. 赔偿性和保障性

赔偿性是指在工伤发生之后，应由有关单位对发生工伤的职工按照一定的标准进行经济上的赔偿，对劳动者或其遗属发放的工伤待遇要能保障其基本生活。

4. 缴费主体的单一性

与养老保险和医疗保险不同，按照法律规定，工伤保险由用人单位缴纳全部工伤保险费，劳动者个人不需要缴纳保险费。

（二）工伤保险制度的主要内容

我国的工伤保险制度始建于2003年，《工伤保险条例》历经多次修改。按照现行《工伤保险条例》(2010年修订)规定，我国境内的企业、事业单位、社会团体、民办非企业单位、基金会、律师事务所、会计师事务所等组织和有雇工的个体工商户都应当参加工伤保险，为本单位全部职工或者雇工缴纳工伤保险费，职工个人不需要缴纳工伤保险费。工伤保险基金由用人单位缴纳的工伤保险费、工伤保险基金的利息和依法纳入工伤保险基金的其他资金构成。工伤保险费根据以支定收、收支平衡的原则确定费率。为提高工伤保险的互助共济功能，该条例规定工伤保险要逐步实现省级统筹。工伤保险实行无过错责任原则，对于职工或者近亲属认为是工伤，用人单位不认为是工伤的，由用人单位承担举证责任。

四、失业保险制度

失业保险是指由于非本人原因暂时失去工作，致使无法获得维持生活所必需的工资收入，并从国家或社会依法获得物质帮助，以保障其基本生活的社会保险制度。就业与失业问题不仅是重要的经济问题，而且是敏感的社会问题，直接关系到经济发展与社会稳定，因此世界各国一般都通过建立失业保险制度，一定时期内保障失业者的基本生活，分散和缓解失业风险，保持经济发展并维护社会稳定。失业保险是我国建立时间较早、规范形式较为完善的社会保险。1999年国务院颁布的《失业保险条例》、2011年的《社会保险法》对失业保险作了规定。

（一）失业保险的主要特征

1. 参保缴费的强制性

失业保险是国家通过制定法律法规强制实施的，用人单位及其职工必须参加失业保险并履行缴费义务，不履行缴费义务的单位和个人应当承担相应的法律责任。

2. 保障范围的普遍性

失业保险的目的是保障有工资收入的劳动者失业后的基本生活，任何单位或个人都有可能发生失业风险。因此，失业保险在保障范围上具有普遍性，即参保单位应不分部门和行业，不分所有制性质，不分用工形式，只要本人符合失业保险的条件，就有享受失业保险待遇的权利。

3. 保障对象的特定性

从客观上看失业保险是为所有劳动者设立的，但失业保险只对有劳动能力且有劳动意愿但没有工作岗位的劳动者提供保障。也就是说，虽然所有劳动者都要参加失业保险，但失业保险只保障没有丧失劳动能力且具有就业意愿的人，因丧失劳动能力而失去工作机会的情况不在失业保险的保障范围之内。

4. 保障期限的短期性

失业保险是短期保障项目，享受失业保险的期限一般根据其参加失业保险的时间长短确定，缴纳失业保险费时间越长，享受失业保险的期限也就越长。一旦超出失业保险的保障期限而仍然没有找到新的工作，则劳动者将进入社会救助体系，不再由失业保险提供保障。

（二）失业保险的主要内容

按照《失业保险条例》规定，城镇各类企业事业单位及其职工都必须参加失业保险。城镇企业事业单位按照本单位工资总额的2%缴纳失业保险费，城镇企业事业单位职工按照本人工资的1%缴纳失业保险费，城镇企业事业单位招用的农民合同制工人本人不缴纳失业保险费。失业保险基金由城镇企业事业单位、城镇企业事业单位职工缴纳的失业保险费、失业保险基金的利息、财政补贴及依法纳入失业保险基金的其他资金构成。

失业人员领取失业保险金的条件是：按照规定参加失业保险，所在单位和本人已经按照规定履行缴费义务满1年；非因本人意愿中断就业；已办理失业登记并有求职要求的。

失业人员领取失业保险金的期限是：失业人员失业前所在单位和本人按照规定累计缴费时间满1年未满5年的，领取失业保险金的期限最长为12个月；累计缴费时间满5年不满10年的，领取失业保险金的期限最长为18个月；累计缴费时间10年以上的，领取失业保险金的期限最长为24个月。重新就业后，再次失业的，缴费时间重新计算，领取失业保险金的期限可以与前次失业应领取而未领取的失业保险金的期限合并计算，但最长不得超过24个月。

失业保险金的标准，按照低于当地最低工资标准、高于城市居民最低生活保障标准的水平，由各省、自治区、直辖市人民政府确定。

五、生育保险制度

生育保险是指国家通过立法，在女职工因怀孕和分娩而暂时中断劳动时，由国家和社会给予生活保障和物质帮助的社会保险制度。生育保险能够保证生育女职工的身心健康，并能够补偿因生育子女中断劳动而失去或减少的收入。我国生育保险制度主要依据1994年《企业职工生育保险试行办法》和1988年国务院《女职工劳动保护规定》建立和执行，《社会保险法》亦对生育保险作出明确规定。

（一）生育保险的特征

生育保险与疾病保险虽然都属于暂时丧失劳动能力的保险，但二者并不相同。生育保险的特点主要有：

1. 享受对象的确定性

享受生育保险的对象较为确定，即主要为在职已婚女职工，并且单位需要已经参加生育保险。近年来，随着国家扩大生育保险适用范围的政策指引，有些地区给予生育女职工的配偶一定的假期以照顾妻子，并发给假期工资；还有的地区为男职工的未参加生育保险的配偶提供经济补助。

2. 享受待遇的优厚性

生育保险既是为了维持女性劳动者的劳动力简单再生产，又是为了保障劳动力的扩大再生产，因而生育保险待遇具有一定的福利色彩。生育期间的经济补偿高于养老保险、医疗保险等，生育保险提供的生育津贴一般为生育女职工的原工资水平，并且职工个人不需要缴纳生育保险费。

3. 享受时间的确定性

生育保险系为怀孕及分娩女职工提供，因而在享受时间上具有确定性，即必须是怀孕分娩期间至生产后的一定时间段。产假必须根据生育期安排，产前假期与产后假都必须在生育期间享受，不能提前或推迟享受。

4. 享受条件的政策性

生育保险受到国家人口政策的制约和影响，我国实行计划生育的基本国策，原来每对夫妇原则上只能生育一个孩子。2016年起，每对夫妇原则上可生育两个孩子，因此生育保险的对象只限于依法结婚、符合国家计划生育政策的女性劳动者，女性劳动者非婚生育子女或者违反计划生育政策生育子女的，都不能享受生育保险待遇。

(二)生育保险的主要内容

根据《企业职工生育保险试行办法》规定，生育保险实行属地管理原则，生育保险费用实行社会统筹。生育保险费由企业按照其工资总额的一定比例缴纳，最高不超过其工资总额的1%，职工个人不需要缴纳生育保险费。

女性劳动者生育保险待遇包括产假、生育津贴和医疗待遇三部分。

第二节　社会救助制度

一、社会救助制度的概念

社会救助制度是指国家通过立法，在公民不能维持最低限度的生活水平时，由国家按照法定的标准向其提供满足最低生活需求的资金或实物救助的社会保障制度。社会保障制度被称为“社会稳定的安全网”，主要源于社会救助制度为社会成员提供的最低生活标准的物质保障，即当社会成员不论何种原因而无法维持最低限度的生活水平时，都能够获得国家提供的社会救助。

我国社会救助制度原来主要根据国务院《农村五保供养工作条例》(1994年)、国务院《城市居民最低生活保障条例》(1999年)、国务院《关于在全国建立农村最低生活保障制度的通知》(2006年)、民政部等《关于实施农村医疗救助的意见》(2003年)、民政部等《关于建立城市医疗救助制度试点工作的意见》以及国务院《关于进一步加强和改进最低生活保障工作的意见》(2012年)等建立和实施。社会救助制度总体上存在法律基础薄弱、法律制度分散等问题。2014年，国务院颁布了《社会救助暂行办法》。该办法将已有的成功社会救助做法上升到了法规层面，使社会救助工作终于有法可依。同时，该办法还第一次将最低生活保障、特困人员供养、受灾人员救助、医疗救助、住房救助、教育救助、就业救助和临时救助等八项社会救助制度规定于同一部法律法规中。因此，《社会救助暂行办法》既是我国第一部社会救助领域的行政法规，也是第一部社会救助领域的综合性行政法规。《社会救助暂行办法》整合了“碎片”化的社会救助制度，为我国社会救助事业发展提供了明确的法律依据，标志着我国社会救助事业进入制度定型和规范发展的新阶段。

二、社会救助制度的特征

与社会保险制度相比，社会救助制度具有自己的明显特点：

（一）救助水平的最低保障性

社会救助是为不能维持最低生活水平的公民提供必需的物质帮助，不以提高社会成员的生活质量为目的，因而救助标准以维持最低生活水平为限。

（二）救助对象的特殊性

覆盖范围广而享受群体有限是社会救助对象的特殊性所在。社会救助虽然只对不能维持最低生活水平的公民提供物质帮助，但是因为任何人都有可能遭遇自然灾害或其他意外事故，因而都有可能不能维持最低生活水平，所以社会救助涵盖了全体国民，远远大于社会保险的覆盖范围。救助权利义务的单向性因不能维持最低生活水平而向国家提出社会救助，这是公民的一项基本权利，公民不需要履行一定的义务或责任才能行使这一权利。为满足条件的公民提供社会救助则是国家的法定义务，当公民需要社会救助而国家不能提供、提供不足或不及时，则政府或相关救助机构就需要承担相应的法律责任。对于公民而言，要求社会救助是不以义务为前提的基本权利；对于国家而言，提供社会救助则是必须履行的法定义务。

三、我国的社会救助制度

根据 2014 年《社会救助暂行办法》规定，我国社会救助制度坚持托底线、救急难、可持续原则，与其他社会保障制度相衔接；社会救助水平与经济社会发展水平相适应。

我国社会救助制度包括最低生活保障、特困人员供养、受灾人员救助、医疗救助、住房救助、教育救助、就业救助和临时救助等八种具体救助制度。国家对共同生活的家庭成员人均收入低于当地最低生活保障标准，且符合当地最低生活保障家庭财产状况规定的家庭，给予最低生活保障；对无劳动能力、无生活来源且无法定赡养、抚养、扶养义务人，或者其法定赡养、抚养、扶养义务人无赡养、抚养、扶养能力的老年人、残疾人以及未满 16 周岁的未成年人，给予特困人员供养；对基本生活受到自然灾害等严重影响的人员提供生活救助；为最低生活保障家庭成员、特困供养人员等给予医疗救助、教育救助与住房救助；为最低生活保障家庭中有劳动能力并处于失业状态的成员，通过贷款贴息、社会保险补贴、岗位补贴、培训补贴、费用减免、公益性岗位安置等办法，给予就业救助。

2014 年，《社会救助暂行办法》同时还规定，以临时救助作为社会救助的兜底救助方式。临时救助的对象是对因火灾、交通事故等意外事件，家庭成员突发重大疾病等原因，导致基本生活暂时出现严重困难的家庭，或者因生活必需支出突然增加超出家庭承受能力，导致基本生活暂时出现严重困难的最低生活保障家庭，以及遭遇其他特殊困难的家庭。

第三节　社会福利制度

一、社会福利制度的概念

社会福利有广义和狭义之分：广义的社会福利是指国家为全体社会成员提供的、旨在提高全体社会成员的生活水平和生活质量的社会性的津贴、公共设施和社会服务；狭义的社会福利是指国家针对老人、妇女儿童、残疾人或慢性精神病人等特殊社会群体提供的社会照顾和社会服务。我们这里所讲的社会福利制度系指狭义上的社会福利。我国《老年人权益保障法》《残疾人保障法》和《农村五保供养工作条例》等法律法规对社会福利制度作了规定。

二、社会福利制度的特征[①]

（一）保障对象的特殊性

我国狭义上的社会福利制度是为老人、妇女儿童、残疾人或慢性精神病人等特殊社会群体设立，目的是保障特殊社会弱势群体的生活水平与生活质量，体现社会主义制度的公平性与优越性。

（二）保障方式的多重性

任何人都不仅需要物质的保障还需要精神的保障。社会福利制度的目的是保证特殊社会群体的生活水平和生活质量，因而保障方式不仅有物质生活的保障，还有精神生活的保障。

---

① 参见张民省等：《继承与完善：中国社会保障理论和实践体系研究》，科学出版社 2012 年版，第 251 页。

（三）权利义务的非对等性

社会福利所需资金主要由国家和社会提供，社会成员享受社会福利不需要先尽义务。

三、我国社会福利制度的主要内容

按照我国有关法律法规规定，对城市孤寡老人、符合供养条件的残疾人和孤儿实行集中供养，对农村孤寡老人、符合供养条件的残疾人和孤儿实行集中供养和分散供养相结合。集中供养一般通过举办社会福利院、敬老院、疗养院、儿童福利院等福利机构进行。对于残疾人，通过政府的优惠政策兴办多种形式的社会福利企业，帮助适合劳动的残疾人获得就业机会。

第四节　社会优抚制度

一、社会优抚制度的概念

社会优抚制度是指国家依据法律规定，通过优待、抚恤和安置等方式，为法定的优抚对象提供一定的资金或服务，确保其生活水平不低于当地群众的平均水平并带有褒扬性质的社会保障制度。我国社会优抚制度保障的对象主要是军人及其家属、革命残疾军人及其家属、退伍军人、烈士遗属等。我国《宪法》以及《国防法》(1997 年)、《兵役法》(2011 年第三次修正)、《军人抚恤优待条例》(2004 年)等对社会优抚制度作了规定。

二、社会优抚制度的特征

（一）保障对象的特殊性

社会优抚与一般社会保障制度最大的不同在于社会优抚主要以军人及其家属为保障对象，体现为国家对军人及其家属的物质及其他帮助。

（二）保障目标的双重性

一般社会保障制度的目标，是保障社会成员的基本生活并促进社会的稳定与和谐发展；而军人社会保障具有稳定军心、巩固国防和稳定社会的双重目标。其中，稳定军心、巩固国防是直接目标，并且是稳定社会的基础，这是其他社会保障子系统所不具备的。[①]

（三）保障待遇的优厚性

社会优抚制度具有褒扬和补偿的双重目的，因而对军人及其家属的保障水平相对较高，待遇较为优厚，一般优于普通社会保障标准。

（四）保障内容的全面性

社会优抚不像社会保险、社会救助、社会福利或医疗保障那样，仅承担社会保障对象某一方面的生活保障任务，而是包含了保险、救助、福利等相关内容，承担着对军人提供全面保障的责任。[②]

三、我国社会优抚制度的主要内容

根据2004年《军人抚恤优待条例》规定，我国社会优抚制度的对象是中国人民解放军现役军人、服现役或者退出现役的残疾军人以及复员军人、退伍军人、烈士遗属、因公牺牲军人遗属、病故军人遗属以及现役军人家属。军队离休、退休干部的抚恤优待，按照现役军人有关抚恤优待的规定执行；因参战伤亡的民兵、民工的抚恤，因参加军事演习、军事训练和执行军事勤务伤亡的预备役人员、民兵、民工以及其他人员的抚恤，参照《军人抚恤优待条例》的有关规定办理。社会优抚制度包括死亡抚恤、残疾抚恤和优待三种制度。

死亡抚恤是指现役军人死亡被批准为烈士、被确认为因公牺牲或者病故的，由其遗属享受抚恤。县级人民政府民政部门负责给其遗属发放一次性抚恤金。其标准是：烈士，80个月工资；因公牺牲，40个月工资；病故，20个月工资。获得荣誉称号或者立功的烈士、因公牺牲军人、病故军人的遗属在应当享受的一次性抚恤金基础上，还可以获得由县人民政府民政部门按照一定比例增发的一次性抚恤金。

残疾抚恤是指现役军人残疾被认定为因战致残、因公致残或者因病致残的。退出现役的，按照残疾等级由县级人民政府民政部门发给残疾抚恤金；因工作需要继续服现役的，经军队军级以上单位批准，由所在部队按照规定发给残疾抚恤金。

---

① 参见张民省等：《继承与完善：中国社会保障理论和实践体系研究》，科学出版社2012年版，第218页。

② 参见郑功成：《社会保障学》，中国劳动社会保障出版社2007年版，第400～401页。

优待主要包括如下内容：义务兵服现役期间，由当地人民政府对其家庭发给优待金或者给予其他优待，优待标准不低于当地平均生活水平；残疾军人、复员军人、带病回乡退伍军人以及烈士遗属、因公牺牲军人遗属、病故军人遗属享受医疗优惠待遇；在国家机关、社会团体、企业事业单位工作的残疾军人，享受与所在单位工伤人员同等的生活福利和医疗待遇；现役军人和残疾军人凭有效证件优先或优惠乘坐交通工具、优惠或免费参观公园、博物馆、名胜古迹等；在教育、住房、就业等方面亦都享有规定的优待。

第六章

社会保障制度的法律渊源

法律渊源是指法的外在表现形式，即不同国家机关根据具体职权和程序制定的具有不同法律效力和地位的各种规范性文件，如宪法、法律、行政法规、部门规章、地方性法规、地方性规章等。我国社会保障制度的法律渊源主要包括宪法、法律、行政法规、部门规章、地方性法规以及国际条约、国际惯例与政策等多种形式。在新型城镇化背景下研究社会保障制度的法律渊源，对提高社会保障制度的法治化水平、促进城乡社会保障一体化与建设社会主义和谐社会具有重要意义。

第一节　宪　法

宪法是国家最高立法机关制定的国家根本大法，具有最高的法律地位和法律效力。宪法也是社会保障法的最根本的渊源，是制定所有社会保障法律法规的依据。

一、各国宪法的社会保障权利规定

社会保障权是世界范围内都很重视的权利，由宪法规定社会保障权利是各国的普遍做法。当然，社会保障权并非一开始就进入宪法权利的范畴，德、英、法等较早建立社会保障制度的国家最初是依靠法律而非宪法保护社会保障权。但两次世界大战的爆发促成了人权意识的觉醒，加速了社会保障权的入宪进程。一般认为，1919 年《德意志宪法》(即《魏玛宪法》)掀开了社会保障权入宪的序幕。该法第 161 条规定："为保持健康及工作能力，保护产女及预防因老病衰弱之生活经济不生影响起见，联邦应制定概括之保险制度，且使被保险者与闻其事。”第 162 条规定：“关于工作条件之国际法规，其足使世界全体劳动阶段得最低限度之社会权利者，联邦应赞助之。”

“以两次世界大战为社会历史背景，以空前高涨的人权意识为思想文化基础，人们对社会保障也产生了全新的认识和评价：社会保障不再仅仅是保障穷人生存的手段，它对于（民族国家为单位的）整体社会乃至全体人类均具有非常重要的意义——它在整个人类的价值体系中具有底线伦理的地位，又是实现其他价值目标——诸如经济安全、生产力发展、社会和谐、政治稳定、国际和平乃至人与社会的全面进步的基础和工具。”①可以说，两次世界大战的爆发不仅改变了世界格局，而且对社会保障的理念归属与价值定位产生了巨大的影响，社会保障由原有的国家出于怜悯和同情之心而赋予老、弱、病、残者基本生存权利，转变为国家为了人类的体面尊严与共同安全所必须进行的整体性制度安排，社会保障权成为人权的基本内容之一。

据统计，世界上有韩国、泰国、伊朗、冰岛、俄罗斯、法国、荷兰、乌克兰、意大利、巴拿马、巴西、秘鲁、古巴、智利等 53 个国家的宪法都明确规定，公民有社会保障权。如《阿塞拜疆共和国宪法》第 38 条规定：“每个人都有权享有社会保障。”《孟加拉人民共和国宪法》第 15 条规定：“国家的……目的是向公民保证：……（4）社会保障权，即因失业、疾病或残废而生活困难者，或者寡妇、孤儿或老年人等无以为生者享受社会救济的权利。”《葡萄牙共和国宪法》第二节“社会方面的权利和义务”第 63 条规定：“所有人均享有社会保障……社会保障体系将保护患病、老年与残疾公民、孀居者与孤儿，以及失业者与所有其他缺乏或丧失生活手段或劳动能力的人。”②又如，1919 年制定的《德意志宪法》（即《魏玛宪法》）第一章规定，联邦对“救贫制度”“孕妇、婴儿、幼童及青年之保护”“公众卫生制度”“工人及佣人之保险”“公共福利之维护”等有立法权。1946 年通过的《法兰西共和国宪法》规定：“国家保证任何人，尤其是儿童、母亲及年老工人，有享受健康、物质安全、休息及娱乐之保障，凡因年龄、身心状态，或经济情况不能工作者，由公共团体维护其生存之权利。”“凡因国家灾难所引起之结果，由全体

---

① 李运华：《论社会保障权之宪法保障——以社会保障权宪法规范的完善为中心》，载《江苏社会科学》2011 年第 6 期。

② 转引自钟会兵：《作为宪法权利的社会保障权——基于文本与判例分析》，载《学术论坛》2005 年第10 期。

法国国民共同负平等之责任。”1946 年公布的《日本宪法》第 25 条规定:“国民均享有最低限度的健康与文化生活的权利。国家应于一切生活部门,努力于社会福祉、社会保障及公共卫生之提高及增进。”①

荷兰学者亨利·范·马尔赛文和格尔·范·德·唐在其合著的《成文宪法的比较研究》中,对 142 部民族国家的宪法进行分析,发现有 33 部宪法规定了享受宽裕或合理的生活标准的权利,有 95 部宪法规定了在失业、疾病、丧失劳动能力或年老情况下国家救济和社会保险,有 62 部宪法规定了享受社会保险或社会救济的权利。②

据有关人士统计,当前世界上仍然有黎巴嫩、马来西亚、新加坡、以色利、爱尔兰、比利时、芬兰、捷克、挪威、瑞士、美国、墨西哥等 32 个国家的宪法没有对社会保障问题作出规定。虽然宪法没有规定社会保障权,但不少国家是通过宪法规范以外的司法判例,将社会保障权清晰地表现出来,比如美国。美国是典型的判例法国家,虽然美国 1787 年宪法没有包含公民权利条款,此后的司法判例也对公民的社会保障权利予以抵制,但是 1929 年世界经济危机的打击迫使罗斯福总统推进新政,政府开始介入到公民权利的保障与救济。1933 年,美国制定了《联邦紧急救济法》,1935 年制定了《社会保障法》和《华格纳劳动关系法》,1938 年制定了《公平劳动标准法》等,最高法院则通过新的司法判例推翻了此前的绝对契约自由观点,开始注重公民的经济和社会权利的保护。法院在 1970 年的“戈德伯格诉凯利案”中认为,福利津贴是有资格领取人的权利而非特权,因而应当受到正当法律程序的保护。最高法院确认了享受社会福利是公民的一项法定的基本权利,非经正当法律程序,任何剥夺这项权利的政府规章和行政决定都是违宪的。③

二、我国宪法的社会保障权利规定

新中国成立之后,社会保障权作为公民的一项基本人权,在我国的四次宪法中均有所表现。但是,社会保障权受到经济发展状况与社会历史条件制约,

---

① 转引自张民省等:《继承与完善:中国社会保障理论与实践体系研究》,科学出版社 2012 年版,第 87～88 页。

② 参见[荷]亨利·范·马尔赛文、格尔·范·德·唐:《成文宪法的比较研究》,陈云生译,华夏出版社 1987 年版,第 158～159 页。

③ 本段内容参考钟会兵的《作为宪法权利的社会保障权——基于文本与判例分析》(载《学术论坛》2005 年第 10 期)。

因而在不同时代的宪法中有着不同的规定，有时甚至出现历史倒退现象，但总体上我国宪法关于社会保障权的规定日趋完善。

1954年《宪法》是新中国第一部宪法。该法第93条规定："中华人民共和国劳动者在年老、疾病或者丧失劳动能力的时候，有获得物质帮助的权利。国家举办社会保险、社会救济和群众卫生事业，并且逐步扩大这些设施，以保证劳动者享受这种权利。"1954年宪法既规定了劳动者的社会保障权利，又规定了国家的社会保障义务，在我国社会保障制度史上具有重要的地位与价值。有学者这样评价1954宪法第93条规定，"这部宪法尽管已经失效，该条文却殊值重视，因为它是写在社会主义中国第一部宪法上的有关社会保障的法律规范，而这部宪法是在彻底废除旧法统的指导方针下产生的，是'与以往宪法文本彻底断绝的产物'"①。

1975年《宪法》第27条第2款规定："公民有劳动的权利，有受教育的权利。劳动者有休息的权利，在年老、疾病或者丧失劳动能力的时候，有获得物质帮助的权利。"由于受特殊的历史条件影响，1975年宪法虽然规定了劳动者的社会保障权利，但是没有提及国家的社会保障责任，国家社会保障责任的缺失导致劳动者的社会保障权利无从实现。

1978年《宪法》第50条规定："劳动者在年老、生病或者丧失劳动能力的时候，有获得物质帮助的权利。国家逐步发展社会保险、社会救济、公费医疗和合作医疗等事业，以保证劳动者享受这种权利。国家关怀和保障革命残废军人、革命烈士家属的生活。"

1982年《宪法》第45条规定："中华人民共和国公民在年老、疾病或者丧失劳动能力的情况下，有从国家和社会获得物质帮助的权利。国家发展为公民享受这些权利所需要的社会保险、社会救济和医疗卫生事业。国家和社会保障残废军人的生活，抚恤烈士家属，优待军人家属。国家和社会帮助安排盲、聋、哑和其他有残疾的公民的劳动、生活和教育。"

1982年《宪法》为我国现行宪法，先后经过四次修正。1988、1993与1999年宪法修正均未调整社会保障权的相关规定，2004年《宪法》修正案在1982年宪法基础上增加了两款社会保障方面的规定。2004年《宪法》第14条增加第4款规定，即"国家建立健全同经济发展水平相适应的社会保障制度"；增加第33

① 林来梵、刘义：《新中国宪法变迁的见证——读〈中华人民共和国宪法史〉》，载《政法论坛》2005年第5期。

条第 3 款规定，即“国家尊重和保障人权”。2004 年《宪法》修正案提出“国家建立健全同经济发展水平相适应的社会保障制度”，这是历史上第一次在宪法中使用“社会保障”这一概念，拉开了中国社会保障制度建设的大幕。在这一条中我们至少可以解读出以下几层含义：第一，国家要建立社会保障制度。这既指明了“国家”在社会保障制度建设中的主体地位，又确定了国家建设社会保障制度的国家建设目标，即明确提出了建立社会保障制度的社会管理方向，进入了中国的社会保障建设时代。第二，国家要健全社会保障制度。这指出了社会保障制度建设的目标不仅是制度的提供，更进一步地还包括制度的不断发展和完善，要为公民提供一种全面的社会保障环境。第三，国家建立健全的社会保障制度是与社会经济发展水平相适应的制度。“同社会经济发展水平相适应”这一提法，指明了每一时期建设社会保障制度均应以社会发展的客观基础条件为依据。这就为确定具体的目标提供了方向和依据，使宪法所确定的社会保障权的制度建设具有了可操作性。[①] 总之，2004 年《宪法》修正之后，我国社会保障加快了制度建设的步伐，促成了社会保险法的制定实施，促进了城乡社会保障制度的健全完善。

三、我国宪法对社会保障权利规定存在的不足

社会保障制度入宪，说明国家对社会保障制度的高度重视。但就宪法规定本身而言，我国宪法对社会保障制度的规定仍然存在不足之处，有待进一步完善。

（一）宪法对社会保障制度的规定内容不明确、体系不完整

社会保障制度包括社会保险制度、社会救助制度、社会福利制度与社会优抚制度等四大项。社会保障权作为公民的一项基本人权，在宪法中应该有明确的内容与完整的体系。但是我国宪法关于社会保障制度的规定条文相对较为简单和原则，明显存在内容不明确、体系不完整等内在缺陷。

虽然 2004 年《宪法》修正案有多条内容与社会保障制度有关，而且增加了“国家建立健全同经济发展水平相适应的社会保障制度”的规定，但是除新增加的该款规定之外，其他条文均未明确提及社会保障制度。《宪法》第 45 条出现的“物质帮助权”虽然经常被理解成社会保障权，但二者在内涵上其实并不完全

① 参见宋艳慧：《我国社会保障权的宪法保障》，载《中国律师》2014 年第 3 期。

一样,"社会保障权"的内涵远远大于"物质帮助权"。按照 2004 年《宪法》第 45 条规定,享有"物质帮助权"的前提条件是公民年老、患病或者丧失劳动能力,这大致相当于社会保障制度的部分社会保险制度(仅包括养老保险与医疗保险)与社会救助制度,而失业保险、工伤保险与生育保险等重要社会保险制度以及社会优抚与社会福利等并没有包括其中。

因此,有研究者指出,我国《宪法》没有明确提出社会保障权,而是将社会保障权的内容分别、零散地置于多个条文中,并且各条文的表述方式、内容层次不统一。因而,仅从《宪法》中不能明确界定我国"社会保障权"的内涵及外延,我国社会保障权的指涉范围并不明确。

(二)国家建立健全社会保障制度的责任体现不明确

社会保障制度是国家为促进经济发展和保持社会稳定,由国家依法建立并由政府主导的各种经济福利性的社会化的国民生活保障系统的统称。随着经济发展与社会进步,国民所遭遇的社会风险越来越大,且个体往往无法应对。为维持国家和社会的和谐发展,国家就必须承担起分散社会风险、照顾社会弱势群体的责任,国家的社会保障责任由此产生。作为调剂国民收入再分配的重要制度形式,社会保障制度从社会公平的角度,关注弱势群体的生存权和发展权,社会保障权已经成为现代社会的一项基本人权,也是现代社会公民的基本权利。而国家则是社会保障权的责任主体,国家有责任为国民提供基本生存条件与发展条件。

世界各国基本上都确定了国家是社会保障权的责任主体,国家责任原则在国际公约中体现得更加明显,且从出于彰显人权重要性与切实保护人权的角度出发,国际公约一般都将保护人权界定为国家的首要责任。比如,1969 年联合国《社会进步与发展宣言》第 8 条指出:"每个国家政府的首要任务和根本责任在于确保其人民的社会进步和福利。"1974 年联合国《各国经济权利和义务宪章》第 7 条规定:"每个国家有促进其人民的经济、社会和文化发展的首要责任。"1993 年《维也纳宣言和行动纲领》认为:"人权和基本自由是全人类与生俱来的权利;保护和促进人权和基本自由是各国政府的首要责任。""绝对贫困和被排除在社会之外是对人的尊严的侵犯。"1999 年联合国《关于个人、群体和社会机构在促进和保护普遍公认的人权和基本自由方面的权利和义务宣言》指出:"各国负有首要责任和义务促进和保护人权和基本自由"。

我国 2004 年《宪法》第 14 条指出:"国家建立健全同经济发展水平相适应

的社会保障制度。”第33条规定:“国家尊重和保障人权。”这两条一般被认定为我国承担社会保障责任的宪法依据。就该两条规定来看,虽然我国宪法原则上提出尊重和保障人权,并建立社会保障制度,但在法律术语的表述上采取了非常平淡的叙述语气,而不是采用“应当”“必须”等表现出法律尤其是宪法的强制性与责任性的词语,这不能满足社会保障权作为基本人权必须由国家承担保障责任的现实需要。况且,虽然我国宪法作出了国家责任的概括性条款,可以在一定程度上弥补规则适用的局部有效性所带来的权利缺失,但它本身毕竟只是一种方针条款,只能作为对国家公权力日后行为的一种方针指示,其政治、道德上的意义远胜于其法律上的意义,不可能产生具体法规范的拘束力,公民也不可能通过援引该条款而获得权利之救济。① 国家建立健全社会保障制度的责任在宪法规定中的不明确,导致公民的权利与国家的责任划分不明确。软性条款的大量存在与权利义务的不清晰正是我国社会保障制度建设严重滞后、问题丛生而又无法追究责任的重要原因所在。

(三)社会保障制度的宪法救济渠道不通畅

社会保障制度作为基本人权制度,除在宪法中给予明确的规定之外,应由宪法提供明确的权利救济渠道。由于我国宪法规定的相对不足、宪法条文本身不具有可诉性以及宪法条文甚至不能作为法律条款应用到司法实践中,我国社会保障制度的宪法救济渠道并不通畅。

根据我国《宪法》《立法法》《行政诉讼法》等相关法律规定,我国公民社会保障权的保障采取的是双轨体制。对于全国人大常委会通过的法律、国务院制定的行政法规和地方人大制定的地方性法规,由全国人大和人大常委会审查其合宪法性;对于行政机关具体行政行为的侵权,由司法机关在诉讼中采取具体审查的方式。② 但是,宪法是我国的根本大法,在实践中一直处于“太上皇”的地位,虽然高高在上,但似乎不具有实际权力,既不能被审查或起诉,也不能被适用。具体体现在以下几个方面:首先,我国宪法不具有可诉性,即宪法本身不存在违法与否的问题。从理论上看,作为法律的一种形式,宪法同普通法律一样需要修改或者解释,宪法本身也存在是否合法的问题,因此宪法应该具有可诉性,其他国家的宪法也都是具有可诉性的。我国宪法虽然规定全国人大常委会

① 参见李运华:《论社会保障权之宪法保障——以社会保障权宪法规范的完善为中心》,载《江苏社会科学》2011年第6期。

② 宋艳慧:《我国社会保障权的宪法保障》,载《中国律师》2014年第3期。

有解释宪法并监督宪法实施的权力，但实践中全国人大常委会通过解释宪法方式解决问题的情况非常少，宪法的可诉性在我国只在理论意义上存在。其次，我国宪法不具有法律适用性，宪法在司法实践中不能直接被引作判案依据。宪法是法律的一种，是一切法律的母法，本应具有最高的法律效力，而法律效力主要体现在法律实施与适用环节。但我国宪法似乎不具备法律的实施与适用功能，司法实践中不能以宪法作为判案依据。在著名的齐玉苓诉陈晓琪等侵犯其受教育权案件中，虽然最高人民法院于 2001 年作出关于以侵犯姓名权的手段侵犯宪法保护的公民受教育的基本权利是否应承担民事责任的批复，以司法解释的形式确认了齐玉苓的受教育权，从而走出了中国宪法司法化的第一步。但最高人民法院的司法解释一直面临着两大困惑：一是宪法规定的公民的受教育权能否作为公民权利保护的依据；二是最高人民法院是否有权对宪法条文作出解释。由于最高人民法院的司法解释在 2008 年即被废止，中国宪法的司法化之路又重新回到原点。

我国社会保障权的宪法救济同样面临着宪法不可诉与宪法不适用的问题。而社会保障的宪法救济渠道的缺失又为社会保障法律法规制度中社会保障权利救济渠道的不完整埋下了伏笔。

第二节　法　律

法律有广义与狭义之分。广义的法律指法的整体，包括宪法、法律、有法律效力的解释以及行政机关为执行法律而制定的规范性文件；狭义的法律指有立法权的机关依照立法程序制定的规范性文件，包括基本法律和基本法律以外的其他法律。宪法是我国的根本法，是制定法律、法规及其他规范性文件的依据，因此狭义的法律一般不包括宪法在内。法律包括基本法律与一般法律两种：基本法律指由全国人民代表大会制定和修改的，规定或调整国家和社会生活中某一方面带有基本性和全面性关系的法律；一般法律指由全国人民代表大会常务委员会制定和修改的，规定和调整除基本法律调整以外的，涉及国家和社会生活某一方面的关系的法律。法律在我国的法律体系中的地位与效力低于宪法，高于法规与规章。

我国至今没有一部社会保障法律是由全国人民代表大会制定的，也就是说，我国在社会保障领域的基本法律立法方面还是空白；由全国人民代表大会常务委员会制定或修改的一般法律主要有2010年《社会保险法》、2006年《未成年人保护法》、1996年《老年人权益保障法》(2012年修订)、1992年《妇女权益保护法》(2005年修订)、1994年《劳动法》、2007年《劳动合同法》与1990年《残疾人保障法》(2008年修订)等。2010年《社会保险法》一般被认为是社会法部门的支架性法律,是社会保障法中的主体性法律,是社会保险的基本法,对我国社会保障制度建设的未来走向有着举足轻重的价值和意义。

从我国社会保障法律现状来看,除《社会保险法》是专门的社会保障立法之外,对于老、弱、残、妇等特殊群体的保护主要通过专门立法的形式实现。《社会保险法》把各类劳动者以及城乡全体居民分别纳入相应的基本养老、基本医疗保险制度,将职业人群纳入工伤、失业、生育保险制度,将经实践检验成熟的经验和做法用法律的形式固定下来,确立了我国社会保险制度的基本框架。[①]《社会保险法》是我国第一部社会保险方面的专门法律,它的制定与实施结束了社会保障领域无法可依的尴尬局面,标志着我国社会保障制度建设从此迈向了法治化的轨道。

一、《社会保险法》的主要内容

(一)规定了社会保险法的立法宗旨

《社会保险法》第1条规定:"规范社会保险关系,维护公民参加社会保险和享受社会保险待遇的合法权益,使公民共享发展成果,促进社会和谐稳定。"这一条既规定了社会保险法的立法目的,实际上也肯定并赋予了公民社会保险权利。

建立健全的社会保障体系是完善社会主义市场经济体制的必然要求,也是构建社会主义和谐社会的重要内容。党的十七大报告提出,到2020年基本建立覆盖城乡居民的社会保障体系,人人享有基本生活保障。在社会保险法出台之前,我国社会保险制度建设长期处于杂乱无章的状态,城镇职工养老与医疗保险制度起步较早、发展较好,城镇居民养老与医疗保险制度基本处于空白状态,农村居民养老与医疗保险制度则举步艰难且问题重重,单位拒绝为职工缴纳社会保险费以及社会保险基金被挤占挪用等不正常现象时常发生,公民的社会保险权益难以得到有效保护,较低的社会保障水平使公民难以共享改革发展

① 参见杨志明主编:《人力资源和社会保障法制》,中国劳动社会保障出版社2012年版,第96页。

成果。社会保险制度的分立、混乱的现状需要制定一个权威、统一的的基本法。只有以基本法的形式，才能理顺城乡之间、不同群体之间的社会保险关系，才能规范整合各项社会保险制度，公民参加社会保险和享受社会保险待遇的合法权益也才能得到保护。

（二）规定了国家社会保障责任与社会保险制度

《社会保险法》第2条规定："国家建立基本养老保险、基本医疗保险、工伤保险、失业保险、生育保险等社会保险制度，保障公民在年老、疾病、工伤、失业、生育等情况下依法从国家和社会获得物质帮助的权利。"

承担社会保障责任是现代国家的重要功能之一。国家承担社会保障责任主要体现在两方面：一是建立完善的社会保障制度，二是保障公民的社会保障权利。按照《社会保险法》第2条规定，我国的社会保险制度主要包括基本养老保险、基本医疗保险、工伤保险、失业保险与生育保险等。我国的社会保险对户籍身份的依赖比较严重，城镇与农村户口分别参加不同的社会保险制度。不过，随着新型城镇化建设与城乡一体化发展，城乡户籍差异带来的社会保障的制度差异正在逐渐弥合。目前而言，基本养老保险制度包括城镇职工基本养老保险制度、新型农村社会养老保险制度、城镇居民社会养老保险制度三个部分，基本医疗保险制度也包括城镇职工基本医疗保险制度、新型农村合作医疗保险制度与城镇居民基本医疗保险制度三个部分。随着农村社会基本养老保险制度与机关事业单位人员养老保险制度的全面实施，新型农村合作医疗保险制度的健全完善，城镇居民基本医疗保险制度的建立实施，以及新农保与城居保的制度并轨，基本养老保险制度与基本医疗保险制度从法律制度层面都已实现全覆盖，"老有所养、病有所医"的制度设计目标正在实现。

（三）规定了社会保障制度的方针与确立社会保险水平的原则

《社会保险法》第3条规定："社会保险制度坚持广覆盖、保基本、多层次、可持续的方针，社会保险水平应当与经济社会发展水平相适应。"

"广覆盖"就是要扩大社会保险的覆盖面，将尽可能多的人纳入社会保险制度中；"保基本"就是指社会保险待遇以保障公民基本生活和需要为主，要防止过高标准的社会保险给国家财政、用人单位和个人造成过重的负担，同时还应当不断提高社会保险待遇；"多层次"是指在除了基本养老保险与基本医疗保险外，还要建立补充养老保险、补充医疗保险以及补充商业保险；"可持续"是指社会保险基金要做到收支平衡，良性运转。

社会保险法还详细规定了基本养老保险、基本医疗保险、工伤保险、失业保险、生育保险、社会保险费征缴、社会保险基金、社会保险经办、社会保险监督以及法律责任等具体内容。

二、社会保险法的亮点

社会保险法作为我国第一部社会保障领域的综合性基本法律，在总结社会保险实践基础上，整合已有社会保险法律法规与政策，搭建起社会保险制度的完整框架，对养老、医疗、工伤、失业与生育等社会保险制度作出了较为详细的规定，并在许多具体制度设计方面作出了符合城乡和谐发展的规定。总体而言，社会保险法主要有以下亮点：

(一)确立覆盖城乡全体居民的社会保险体系

我国原来社会保险的五大险种在制度设立时有着严格的覆盖面的区别，农村居民被排除在社保体系之外。实践中由于原有社会保障制度设计的不公平，农村的养老与医疗状况不容乐观，被征地农民或失地农民在失去土地保障之后的生存与生活状况更是引发了很多纠纷。社会保险法以基本法的形式将城乡全体居民都纳入社会保险体系，农民、失地农民、城市个体工商户与自由职业者、城市无业人员甚至在境内就业的外国人等都可以参加养老与医疗保险，社会保险法以法律的形式做到了制度全覆盖。

(二)规定城乡社会保障一体化与转移接续办法

首先，规定国有企业、事业单位职工养老保险视同缴费年限期间的养老保险费由政府承担。视同缴费期间的养老保险费应该由谁来负担的问题一直困扰着养老保险制度改革，社会保险法以法律的形式规定了政府的出资责任与财政兜底责任，不仅较好地解决了养老保险制度的历史遗留问题，同时还为机关事业单位的养老保险制度改革提供了明确的路径，为养老保险制度的全面实施铺平了道路。

其次，规定参保缴费不满十五年的个人的养老保险处理办法为继续缴费至十五年或转入新型农村社会养老保险或城镇居民社会养老保险。由于我国养老保险制度起步较晚，很多人缴费不满十五年，原来规定是缴费不满十五年的仅将个人账户余额退回本人，不再享受养老保险待遇。为将更多人纳入养老保险的范畴，社会保险法对缴费不满十五年者作了灵活处理，这样就扩大了养老保险的覆盖面，还能够更好地保障参保人的养老保险权益。

再次,规定基本养老与医疗保险关系随本人转移。随着社会发展,人才流动明显加快,社会保险关系能否随本人转移是影响人才流动的重要因素。《社会保险法》第19条规定:“个人跨统筹地区就业的,其基本养老保险关系随本人转移,缴费年限累计计算。个人达到法定退休年龄时,基本养老金分段计算,统一支付。”该法第32条规定:“个人跨统筹地区就业的,其基本医疗保险关系随本人转移,缴费年限累计计算。”

最后,规定城镇居民基本养老保险与新型农村社会养老保险可以合并实施。人人享有社会保障权益,共享改革成果,城乡一体化发展对城乡社会保障的一体化提出了要求,城乡基本养老与基本医疗保险的一体化是城镇社会保障一体化的重要内容与有益尝试。《社会保险法》第22条第2款规定:“省、自治区、直辖市人民政府根据实际情况,可以将城镇居民社会养老保险和新型农村社会养老保险合并实施。”

(三)提高社会保险的统筹层次

社会保险的统筹层次指包括社保缴费标准、养老金计发办法、社保基金使用等内容的整个养老保险制度在一定范围内的统一设计和统一管理。我国社会保险的统筹层次主要包括县级、地市级、省级以及全国。统筹层次越高,意味着更大地域范围内更多的人实行统一的社会保险制度,因而社保基金的抗风险能力越强。社会保险法出台之前我国对社会保险缺乏统一的顶层设计,养老保险的最高统筹层次为省级,其他保险的最高统筹层次是地市级。社会保险的低层次统筹不利于社会保险基金的地域间统筹调剂,降低了社会保险基金的抗风险能力,又不利于社会保险在不同地域间的转移接续,还有悖于社会保险担负的通过再分配实现社会公平正义的价值目标。因而,《社会保险法》第64条第3款规定:“基本养老保险基金逐步实行全国统筹,其他社会保险基金逐步实行省级统筹。”

(四)严格社会保险基金的监管机制

社会保险基金是百姓的“养命钱,救命钱”,其安全监管的重要性不言而喻。由于我国社会保险基金监管本身存在政府自己监督自己的体制缺陷,监管管理又存在“政出多门”的混乱现象,而且没有专门的法律来规范上万亿甚至几万亿规模的社会保险基金监管,实践中社保基金被挤占挪用的案件较多。2006年,涉案金额达上百亿的上海社保基金案就暴露出社会保险基金监督管理方面的体制漏洞。2012年,审计署对2011年社会保险基金的审计公告显示,扩大范围或违规运营社会保障资金总额为17.39亿元，主要用于基层经办机构单位工作经费，平衡市级、县级财政预算，购建培训中心、体育场馆、办公用房、职工住房、汽车及设备等；向不符合条件的人员发放待遇或报销费用共18.52亿元。

为规范社会保险基金运行，保障基金安全，《社会保险法》首先明确规定，“社会保险基金专款专用，任何组织和个人不得侵占或者挪用”，“社会保险基金不得违规投资运营，不得用于平衡其他政府预算，不得用于兴建、改建办公场所和支付人员经费、运行费用、管理费用，或者违反法律、行政法规规定挪作其他用途”。其次，“社会保险监督”一章中确立了社会保险基金运营的四大监督机制，即人大监督、社会保险行政部门监督、财政部门与审计机关监督以及社会保险监督委员会的监督。《社会保险法》第76条、77条、78条与80条分别对此予以规定。最后，社会保险法还强化社会监督，赋予组织或个人举报与投诉的权力。第82条规定：“任何组织或者个人有权对违反社会保险法律、法规的行为进行举报、投诉。”

（五）明确社会保险违法的救济渠道与法律责任

社会保险关系到用人单位与个人的切身权益，关系到国家通过二次分配共享改革成果的价值目标，关系到社会的稳定与和谐。实践中，由于社会保险制度本身存在漏洞，社会保险领域存在大量违法犯罪行为，社会保险领域成为劳动争议纠纷发生的重灾区。社会保险法实施一周年之际，北京一中院的统计结果显示，该院2011年受理的4176件劳动争议案件，70%涉及社会保险方面的诉求，争议范围涵盖基本养老保险、基本医疗保险、工伤保险、失业保险和生育保险五大险种，主要存在用人单位以合同形式规避缴纳社会保险费义务、设置身份障碍侵害农民工合法社保权益、滥用劳动派遣逃避社保缴费义务、降低缴费基数损害职工社保权益以及不为女职工缴纳生育保险费等五类违法行为。[①]北京一中院统计的仅是用人单位侵害个人社会保险权益案件，实践中还有大量的社会保险经办机构侵害用人单位或者社会保险机构侵占挪用社会保险费的案件。在《社会保险法》出台之前，社保纠纷主要依据《劳动合同法》《劳动争议调解仲裁法》《工伤保险条例》与《失业保险条例》等单行法律法规处理，社会保险领域对社会保险纠纷缺乏专门、统一的救济渠道规定。

针对社会保险纠纷日益增多、纠纷解决依据不足的现实情况，社会保险法

① 参见许庆涛：《社会保险领域五类突出违法行为应引起关注》，载《就业与保障》2013年第Z1期。

详细列举了社会保险纠纷的种类与救济渠道，并以专门章节规定社会保险违法犯罪案件的法律责任。

首先，明确规定社保纠纷的救济渠道。根据《社会保险法》第 83 条规定，用人单位或者个人认为社会保险费征收机构的行为侵害自己合法权益的，可以依法申请行政复议或者提起行政诉讼；个人认为社会保险经办机构侵害其社会保险权益的，可以依法申请行政复议或者提起行政诉讼；个人与用人单位发生社会保险争议的，可以依法申请调解、仲裁，提起诉讼；用人单位侵害个人社会保险权益的，个人也可以要求社会保险行政部门或者社会保险费征收机构依法处理。

其次，明确规定社保违法犯罪案件的法律责任。《社会保险法》第 84～93 条规定分别对用人单位的违法行为（不办理社会保险登记、拒不出具终止或者解除劳动关系证明、未按时足额缴纳社会保险费）、社会保险经办与服务机构的违法行为（以欺诈、伪造证明材料或者其他手段骗取社会保险基金支出）、个人的社保违法行为（以欺诈、伪造证明材料或者其他手段骗取社会保险待遇）、社会保险经办机构与社会保险费征收机构的责任、国家工作人员的行政处分责任以及构成犯罪的刑事责任等作出明确规定。

三、《社会保险法》的不足之处

《社会保险法》作为我国社会法的支架性法律、社会保障的主体性法律、社会保险的基本法律，具有重要的地位与作用。不过，由于我国社会保障制度目前正处在渐进改革的过程当中，仍然呈现严重的碎片化状态，仍然具有较重的地方路径依赖与地方特色，仍然存在部门与部门、中央与地方的利益博弈，因此社会保障制度短期内很难达成完全的一致。作为观念、利益与制度妥协的结果，《社会保险法》的出台具有划时代的意义，同时在许多方面存在不足之处，这些不足需要通过观念的调整、制度的整合与法律法规的配套等进行补正。

（一）仍然将公民的社会保障权利表述为“物质帮助权”

社会保障权利是公民享有的重要人权内容，理应在宪法与法律中得到明确体现。我国宪法里的“物质帮助权”一般被认为是“社会保障权”，但物质帮助与社会保障其实并不完全等同。首先，从权利主体来看，社会保障的权利主体大于物质帮助的权利主体。按照规定，享有物质帮助权的是年老、疾病、工伤、失业、生育等情况的主体，而享有社会保障权的主体是年老、疾病、伤残、失业、生育、家人死亡、遭遇灾害等情况的主体。我国社会保障包括社会保险、社会救济、社会福利、社会优抚与社会互助等内容，获得物质帮助大致相当于社会保障里的社会保险的一部分与社会救济。因此，社会保障权的主体远远大于物质帮助权的主体。其次，从权利内容来看，社会保障的权利内容大于物质帮助。物质帮助权的内容仅限于物质上的保障，而社会保障的内容既包括物质上的保障，又包括社会服务。再次，从权利客体来看，社会保障的权利客体大于物质帮助。物质帮助权的权利客体仅仅是物，而社会保障的权利客体既包括物，又包括行为。最后，从帮扶的程度看，社会保障的保障程度要高于物质帮助的帮助程度。物质帮助对权利人而言是起次要作用与辅助作用的“帮助”，社会保障对权利人而言并非次要作用与辅助作用。

2010 年，社会保险法继续沿用我国宪法的用语，即“保障公民在年老、疾病、工伤、失业、生育等情况下依法从国家和社会获得物质帮助的权利”。作为社会保障领域的主体性法律，社会保险法本应最鲜明的体现“社会保障”的特色，但是社会保险法仍然以“物质帮助”代替“社会保障”。这不仅仅是法律术语在表述上的差别，实际上代表着国家对社会保障的基本理念与基本态度，即国家仍然将自身放在为公民提供帮助的“守夜人”的地位，没有将为公民提供满足基本生存与生活条件的社会保障看作是自己的责任和义务。宪法和法律对社会保障权以“物质帮助权”代之，不仅对社会保障的公平、公正、共享的基本价值理念有所制约，而且对实践中社会保障制度的运转产生较大影响。现实生活中，很多用人单位、社会保险经办机构或者社会保险服务机构甚至包括政府等都将给公民提供的社会保障待遇看作是政府的“施舍”，而不是政府的“责任”。这显然会影响到公民社会保障权益的实现，影响到我国社会保障制度的健全发展。

(二)社会保险法的授权性条款过多，操作性不强

社会保险法的修订最早始于 1994 年，经过十六年的经验总结与理论提升，最终于 2010 年面世。作为社会保障领域的基本法律，社会保险法需要面面俱到，详细规定各项社会保险制度。但由于我国社会保障实践中制度严重不统一，中央与地方、部门与部门存在利益博弈，社会保险法的出台本身是平衡各项制度、各种利益的结果。因此，虽然社会保险法基本上做到了面面俱到，但许多条款的规定相对比较原则和简单，有的条款看起来更像提出了社会保险制度的发展目标，有的条款则缺乏具体的操作措施或落实规划。

社会保险法大量授权性条款的存在更让社会保险法的实施有如“空中楼

阁”。例如，社会保险法97条中有多处授权性条款，且均为较重要制度的授权，如“公务员和参照公务员法管理的工作人员养老保险的办法由国务院规定”，“新型农村合作医疗的管理办法，由国务院规定”，“社会保险费实行统一征收，实施步骤和具体办法由国务院规定”，“基本养老保险基金逐步实行全国统筹，其他社会保险基金逐步实行省级统筹，具体时间、步骤由国务院规定”，“社会保险基金存入财政专户，具体管理办法由国务院规定”，“社会保险基金在保证安全的前提下，按照国务院规定投资运营实现保值增值”，等等。社会保险制度建设的现状决定了社会保险法必然会有授权性条款，社会保险法的实施需要国务院法规规章或政策的配套支持，但是社会保险法中的授权性条款只确定了授予的主体与授权的内容，却未规定授权的时间与条件等关键内容，因此这些条款能否实施很大程度上取决于国务院的意愿。授权性条款的大量存在彰显了社会保险法的不严肃性，加大了社会保险法实施的难度。独立经济学者杨孟著认为：“过多的授权性条款的存在，是各‘利益集团’在既定的约束条件下争取‘部门利益’最大化博弈均衡的结果。其直接后果是，加大了执法的难度和不确定性，降低了实施中的可操作性和法律效力，提高了寻租费用和执行成本。”[①]中国社会科学院世界社保研究中心主任郑秉文则认为，社会保险法有较多授权条款的原因是，我国的社会保险制度不是一揽子设计，缺乏完整性和前瞻性，没有一次性解决全部潜在问题，而是遇到一个问题试图解决一个问题，不断打补丁，结果造成补丁摞补丁。实践中，由于授权性条款过多以及概括性过强，社会保险法确实难以得到有效实施，社会保障制度基本上仍然依靠国务院或各部委的法规、规章或政策规范运作。社会保险制度离法治化还很远。

由于我国的许多法律中都存在较多的授权性条款，为增加被授权机关的工作效率，加强法律的实施与权威，2015年新修订的《立法法》对授权时间作出了明确要求，即第62条规定：“法律规定明确要求有关国家机关对专门事项作出配套的具体规定的，有关国家机关应当自法律施行之日起一年内作出规定……有关国家机关未能在期限内作出配套的具体规定的，应当向全国人民代表大会常务委员会说明情况。”因此，国务院应当遵守《立法法》规定，按照《社会保险法》的授权，抓紧制定公务员和参照公务员法管理的工作人员的养老保险办法、新型农村合作医疗的管理办法、社会保险费统一征收的实施步骤和具体办法、

① 《社保法：授权性条款太多恐成“空中楼阁”》，载2010年11月8日《财会信报》。

基本养老保险基金全国统筹与其他社会保险基金省级统筹的具体时间和步骤、社会保险基金管理办法以及社会保险基金投资运营保值增值办法等重要配套措施。

(三)社会保险基金的性质不明确,基金的运转监督不够规范

社会保险基金,是指为了保障保险对象的社会保险待遇,按照国家法律法规,由缴费单位和缴费个人分别按缴费基数的一定比例缴纳以及通过其他合法方式筹集的专项资金。近年来,我国致力于社会保障制度建设,社会保险基金规模日益庞大。2011 年底,我国社会保险基金资产总额为 8688.2 亿元,比十年前增长了十倍多;2012 年底,社会保险基金资产总额首次突破万亿,达到 11060.37 亿元;2014 年底,社会保险基金资产总额超过 1.5 万亿元。

社会保险基金有四个来源,即单位缴费、个人缴费、国家投入以及投资或利息所得,由隶属于劳动保障部门的社会保险经办机构管理。我国社会保险基金的性质并不明确,并且基金的监督与运行也不够规范,因而实践中经常发生政府或社会保险经办机构挤占挪用、瞒报少缴、欺诈冒领、盲目投资的社会保险基金案件。人力资源和社会保障部"2013 年全国社会保险情况"中显示,2013 年全国少报漏报社会保险人数为 779 万人次,少缴漏缴社会保险费为 34.2 亿元,3.5 万人冒领待遇 1.27 亿元,全国清理收回企业欠缴养老保险费 560 亿元。

不论是单位缴费、个人缴费还是国家投入,社会保险基金本质上都是参保人的公共资金,是参保人的保命钱,社会保险经办机构只是负责管理。但是我国社会保险法并没有明确规定社会保险基金属于参保人的本质属性,实践中政府认为是政府帮助参保人参保,所以社会保险基金应该属于政府。社会保险经办机构则认为,社会保险基金由其管理和使用,所以应该属于社会保险经办机构。性质不明确的社会保险基金被政府或者社会保险经办机构当成了自家的钱袋子,因而频繁被挤占挪用或者盲目投资也就不足为怪了。

按照社会保险法规定,我国现行社会保险监督制度是以行政监督为核心,以审计监督和社会监督为补充。《社会保险法》第 79 条规定了社会保险行政部门对社会保险基金的收支、管理和投资运营情况进行监督检查。但是我国社会保险基金监督管理体制属于典型的政府主导型,政府各级劳动保障行政部门既是社会保险基金的委托人、投资人和资产管理者,又是社会保险基金的监管者。政府各级劳动保障行政部门"裁判员"与"运动员"角色的合一使得社会保险基金的监管制衡难以落到实处,埋下了阻碍社会保险基金安全运行的隐患。

四、其他社会保障法律的主要规定

除《社会保险法》外，社会保障领域还有一些法律如《劳动法》《劳动合同法》《公务员法》等规定了相关的社会保障事宜，《老年人权益保障法》《妇女权益保护法》与《残疾人保障法》等则以特殊主体为立法对象规定老、残、妇等社会弱势群体的社会保障事宜。

1994 年《中华人民共和国劳动法》设有专章规定社会保险和福利。该法第九章规定了社会保险的国家责任、社会保险水平的确立原则、社会保险基金的社会统筹、用人单位和劳动者的参保缴费义务、劳动者享受社会保险的情形、社会保险基金经办机构的职能职责、社会保险基金监督机构的职责以及补充保险与储蓄性保险等内容。《劳动法》第 70 条规定："国家发展社会保险事业，建立社会保险制度，设立社会保险基金，使劳动者在年老、患病、工伤、失业、生育等情况下获得帮助和补偿。"第 71 条规定："社会保险水平应当与社会经济发展水平和社会承受能力相适应。"第 72 条规定："社会保险基金按照保险类型确立资金来源，逐步实行社会统筹。用人单位和劳动者必须依法参加社会保险，缴纳社会保险费。"第 73 条规定："劳动者在下列情形下，依法享受社会保险待遇：(一)退休；(二)患病、负伤；(三)因工伤残或患职业病；(四)失业；(五)生育。劳动者死亡后，其遗属依法享受遗属津贴。劳动者享受社会保险待遇的条件和标准由法律、法规规定。劳动者享受的社会保险金必须按照足额支付。"第 74 条规定："社会保险基金经办机构依照法律规定收支、管理和运营社会保险基金，并负有使社会保险基金保值增值的责任。社会保险基金监督机构依照法律规定，对社会保险基金的收支、管理和运营实施监督。社会保险基金经办机构和社会保险基金监督机构的设立和职能由法律规定。任何组织和个人不得挪用社会保险基金。"第 75 条规定："国家鼓励用人单位根据本单位实际情况为劳动者建立补充保险。国家提倡劳动者个人进行储蓄性保险。"同时，为保障《劳动法》的实施，该法还规定了相关法律责任。《劳动法》第 100 条规定："用人单位无故不缴纳社会保险费的，由劳动行政部门责令其限期缴纳；逾期不缴的，可以加收滞纳金。"第 104 条规定："国家工作人员和社会保险基金经办机构的工作人员挪用社会保险基金，构成犯罪的，依法追究刑事责任。"从内容上，劳动法对社会保险的规定较为全面，但由于《劳动法》的制定时间较早，当时国家、用人单位以及个人的社会保险意识都不强，而且《劳动法》关于社会保险的规定相对较为软弱，追责机制不够健全，加之与社会保险相关的配套法律法规规章严重缺失，因而实践中用人单位与个人不参保缴费的现象较为常见，社会保险经办机构挪用社会保险基金的案件也经常发生。

2007年《中华人民共和国劳动合同法》第17条规定，劳动合同必须包括社会保险条款；第74条规定，县级以上地方人民政府劳动行政部门依法对用人单位参加各项社会保险和缴纳社会保险费的情况进行监督检查。

2007年《中华人民共和国劳动争议调解仲裁法》第2条规定，因社会保险发生的用人单位与劳动者之间的争议，适用本法，并规定了调解、仲裁的程序等内容。

2005年《中华人民共和国公务员法》第77条规定："国家建立公务员保险制度，保障公务员在退休、患病、工伤、生育、失业等情况下获得帮助和补偿。"第78条规定，任何机关不得违反国家规定自行更改公务员的保险政策，擅自提高或者降低公务员的保险待遇。第79条规定，公务员保险所需经费由财政预算予以保障。

2012年《老年人权益保障法》第三章专门规定老年人的各项社会保障权益。该法第28条规定："国家通过基本养老保险制度，保障老年人的基本生活。"第29条规定："国家通过基本医疗保险制度，保障老年人的基本医疗需要，享受最低生活保障的老年人和符合条件的低收家庭中的老年人参加新型农村合作医疗和城镇居民基本医疗保险所需个人缴费部门，由政府给予补贴。有关部门制定医疗保险办法，应当对老年人给予照顾。"此外，《老年人权益保障法》还根据老年人的特点规定了老年人的长期护理保障制度、失能老人的护理补贴制度、经济困难老人的救助供养制度、老年人福利制度、80周岁以上低收入老年人的高龄津贴制度以及计划生育家庭老年人扶助制度，等等。

2005年《妇女权益保护法》第四章规定了妇女的劳动和社会保障权益。该法第22条规定："国家保障妇女享有与男子平等的劳动权利和社会保障权利。"第24条规定："实行男女同工同酬。妇女在享受福利待遇方面享有与男子平等的权利。"第28条规定："国家发展社会保险、社会救助、社会福利和医疗卫生事业，保障妇女享有社会保险、社会救助、社会福利和卫生保健权益。"第29条规定："国家推行生育保险制度，建立健全与生育相关的其他保障制度。地方各级人民政府有关部门应当按照有关规定为贫困妇女提供必要的生育救助。"

2008年《残疾人保障法》第九章详细规定了残疾人的社会保障问题。该法

第 46 条规定："国家保障残疾人享有各项社会保障的权利。政府和社会采取措施，完善对残疾人的社会保障，保障和改善残疾人的生活。"第 47 条规定："残疾人及其所在单位应当按照国家有关规定参加社会保险。残疾人所在城乡基层群众性自治组织、残疾人家庭，应当鼓励、帮助残疾人参加社会保险。对生活确有困难的残疾人，按照国家有关规定给予社会保险补贴。"此外，该法还重点规定了各级人民政府对残疾人所负有的各项责任。各级人民政府应为生活确有困难的残疾人给予生活、教育、住房和其他各种社会救助，按照规定为贫困残疾人的基本医疗、康复服务、必要的辅助器具的配置和更换给予救助，为生活不能自理的残疾人给予护理补贴，按照规定供养无劳动能力、无扶养人或者扶养人不具有扶养能力、无生活来源的残疾人。

总之，社会保险是我国社会保障制度的重要组成部分，社会保险法是社会保障法的主体性法律。以《社会保险法》为主体，以《劳动法》《劳动合同法》以及《老年权益保障法》《妇女权益保护法》《残疾人保障法》等为重要组成部分，共同构成了有中国特色的社会保险法律体系。社会保险法律对于构筑我国社会保险制度、完善社会保障制度建设具有重要的价值和意义。与此同时，我们也应清醒地看到，社会保险法律大多还需要国务院或相关部委出台配套性法规规章或政策文件才能得以实施，社会保险法律体系仍然普遍存在授权性条款过多、法律强制性较差、社会保险制度设计原则性过强而操作性较差等不足。如何完善配套法规体系，提高社会保险法律的权威性与执行力，应该成为社会保障制度建设下一步的工作重点。

第三节　法规规章

我国的法律体系除包括宪法和法律外，还包括数量众多的行政法规、部门规章、地方性法规以及地方性规章。宪法和法律是行政法规、部门规章、地方性法规或地方性规章的制定依据，效力高于法规规章，行政法规、部门规章、地方性法规或地方性规章则是为了贯彻宪法和法律而由有权立法机关作出的具体制度规定，不得与宪法和法律相抵触。我国幅员辽阔，各地情况不尽相同，因此宪法和法律一般只能作出原则性、概括性规定，相关地方或部门则以宪法和法律为依据，结合本地或本部门实际情况作出具体的规定。正是因为有了数量庞大的行政法规、部门规章、地方性法规与地方性规章，我国宪法和法律才得以顺利实施，有中国特色的社会主义法律体系也才得以建成。由于我国社会保障制度建设起步较晚，建设时间较短，很多制度尚不成熟，因此实践中一般采取成熟一个制定一个的办法，即由国务院或相关部委等对条件已经成熟的社会保障制度制定行政法规或部门规章。与其他领域相比，社会保障领域存在更多的行政法规或部门规章或地方性法规，而我国社会保障制度正是在这些行政法规、部门规章或地方性法规的规范与推动下逐渐走向成熟。

行政法规是由最高国家行政机关即国务院为实施宪法和法律而制定的关于政治、经济、教育、科技、文化、外事等国家行政管理活动方面的规范性文件的总称。行政法规的名称一般是"条例""规定"或"办法"。我国宪法和法律规定一般较为抽象、概括，因而需要国务院作进一步的具体规定，行政法规是法律内容具体化的一种主要形式，是我国最重要的且数量很大的一种法的渊源。

部门规章是指国务院各部门、各委员会等根据法律和行政法规的规定和国务院的决定，在本部门权限范围内制定和发布的调整本部门范围内的行政管理关系的不得与宪法、法律和行政法规相抵触的规范性文件的总称。部门规章的名称一般是"通知"或"办法"等。

地方性法规是由地方国家权力机关以及国务院批准的较大的市及其他具有地方立法权的市的立法机关制定的在本地方区域内实施的规范性文件的总称。地方性法规的名称一般为"条例"或"实施细则"等。我国目前有8000多部地方性法规，是数量最大的法律渊源。地方性规章是指省、自治区、直辖市人民政府以及其所在地的市、经济特区所在地的市和国务院批准的较大的市及设区的市的人民政府，根据法律、行政法规制定的规章。地方性规章一般称为"规则""细则""办法"或"纲要"等。立法法修改之后，拥有地方立法权的地方数量将大大增加，地方性法规与地方性规章的数量也将大幅攀升。

一、行政法规

在《社会保险法》制定之前，除宪法外，社会保障方面的行政法规主要有《社会保险费征缴暂行条例》《失业保险条例》《工伤保险条例》等。行政法规是社会保障制度建设的重要法律依据，具有较高的法律效力。下面对这几项行政法规作简要梳理。

（一）《社会保险费征缴暂行条例》

社会保险基金是社会保险制度建立的物质基础，社会保险费的筹集是社会保险制度的重要内容和基础环节。社会保险金是职工的保命钱,必须及时足额发放,但许多企业不缴、欠缴或拒缴社会保险费的现象十分严重,影响到社会保险费的征缴与社会保险金的及时足额发放。其他国家都以立法形式规范社会保险费的筹集渠道,强制征缴各项社会保险费。我国也较早以立法形式规定了社会保险费的征缴事宜,1999 年国务院颁行的《社会保险费征缴暂行条例》为我国社会保险费的征缴、管理与使用提供了法律依据。

《社会保险费征缴暂行条例》第 1 条规定了制定条例的目的,即“加强和规范社会保险费征缴工作,保障社会保险金的发放”。按照《社会保险费征缴暂行条例》规定,我国的社会保险费包括基本养老保险费、基本医疗保险费和失业保险费三项,三项社会保险费实行集中、统一征收;缴费单位和个人按时足额缴纳社会保险费,社会保险基金专款专用;社会保险费的征收机构可以是税务机关,也可以是劳动保障行政部门按照国务院规定设立的社会保险经办机构。此外,《社会保险费征缴暂行条例》还规定了社会保险费的征缴管理、监督检查以及罚则等内容。

《社会保险费征缴暂行条例》制定时间较早,规定相对简单。随着 2010 年《社会保险法》的出台,《社会保险费征缴暂行条例》的许多规定与其上位法《社会保险法》互相冲突。主要表现在以下几个方面:首先,社会保险费的范围不同。条例规定的社会保险费只包括基本养老保险费、基本医疗保险费与失业保险费;而《社会保险法》的社会保险费除上述三项外,还包括工伤保险费与生育保险费。其次,社会保险制度的范畴不同。《社会保险法》提出要建立新型农村社会养老保险制度与新型农村合作医疗制度,明确进城务工人员要参加社会保险;条例则不涉及农村养老与医疗保险制度,只针对城镇职工养老保险制度与医疗保险制度。再次,逾期不缴社会保险费的滞纳金比例与处罚措施不同。《社会保险费征缴暂行条例》第 13 条规定滞纳金的比例为日千分之二,对于逾期仍不缴纳社会保险费的,条例没有规定处罚措施。《社会保险法》第 86 条规定,滞纳金比例为日万分之五,对于逾期仍不缴纳的,由有关行政部门处以欠缴数额一倍以下三倍以下的罚款。《社会保险法》降低了滞纳金的比例,但增加了对欠缴社会保险费行为的罚款措施。最后,对不办理社会保险登记的处罚标准不同。《社会保险费征缴暂行条例》第 23 条规定,对不办理社会保险登记或者未按照规定申报应缴纳的社会保险费数额的,由劳动保障行政部门责令限期改正;情节严重的,对直接负责的主管人员和其他直接责任人员可以处 1000 元以上5000元以下的罚款；情节特别严重的，对直接负责的主管人员和其他直接责任人员可以处5000元以上10000元以下的罚款。《社会保险法》第84条的规定则为："用人单位不办理社会保险登记的，由社会保险行政部门责令限期改正；逾期仍不改正的，对用人单位处应缴社会保险费数额一倍以下三倍以下的罚款，对其直接负责的主管人员和其他直接责任人员处五百元以上三千元以下的罚款。"由此可知，社会保险法实行的是"双罚制"，即增加了对用人单位的处罚，减少了对直接负责的主管人员和其他直接责任人员的处罚数额。

按照立法法规定，法律的效力高于行政法规、地方性法规、规章。《社会保险费征缴暂行条例》作为行政法规，不能与《社会保险法》相冲突。因此，必须及时对与社会保险法相冲突的条款内容进行修订和补充。

(二)《失业保险条例》

失业保险是指劳动者由于非本人原因暂时失去工作，致使工资收入中断而失去维持生计来源，并在重新寻找新的就业机会时，从国家或社会获得物质帮助以保障其基本生活的社会保险制度。失业保险能够保障劳动者在非就业期间的基本生活需求，对于劳动者具有重要的意义。我国较为重视失业保险制度的建立，于1999年制定了《失业保险条例》。

《失业保险条例》规定失业保险的适用对象为城镇企业事业单位、城镇企业事业单位职工。《失业保险条例》第6条规定了失业保险费的缴纳比例，即城镇企业事业单位按照本单位工资总额的2%缴纳失业保险费，城镇企业事业单位职工按照本人工资的1%缴纳失业保险费，城镇企业事业单位招用的农民合同制工人本人不缴纳失业保险费。《失业保险条例》还规定了失业保险基金的统筹层次，即失业保险基金在直辖市和设区的市实行全市统筹，其他地区的统筹层次由省、自治区人民政府规定。《失业保险条例》第10条对失业保险基金的支出范围作出了详细规定："(一)失业保险金；(二)领取失业保险金期间的医疗补助金；(三)领取失业保险金期间死亡的失业人员的丧葬补助金和其供养的配偶、直系亲属的抚恤金；(四)领取失业保险金期间接受职业培训、职业介绍的补贴，补贴的办法和标准由省、自治区、直辖市人民政府规定；(五)国务院规定或批准的与失业保险有关的其他费用。"此外，条例还对失业保险关系的转移、劳动保障行政部门的职责、社会保险经办机构的职责以及违反条例的相关法律责任等作出了具体规定。

由于《失业保险条例》制定时间较早，在实施过程中出现一些问题：一是失业保险的覆盖范围过窄。按条例规定,失业保险仅适用于城镇用人单位及其职工,原乡镇企业改制后的企业和在乡镇新创办的企业及其职工、灵活就业人员以及青年(包括大学生)不在失业保险的覆盖范围内,不能按照条例享受失业保险待遇,并且即使是城镇从业人员,也只有不到50%的单位和个人参加了失业保险,大多数劳动者没有被失业保险制度所覆盖。二是失业保险的补偿水平过低。设立失业保险的目的是保障失业人员的基本生活和促进再就业,但是我国的失业保障水平过低,大多数地方失业保险的最低水平与最低生活保障标准相仿,最高标准大致相当于当地最低工资标准的60%,不到城镇职工平均工资的30%。而国际上失业保险金一般会占到失业前平均工资的50%~80%。失业保险的低补偿标准导致失业保险基金大量结余。2011年,全国失业保险基金累计结余达到2240亿元,2012年失业保险基金累计结余达到2929亿元,比2011年又增加了将近700亿元。失业保险基金的大量结余说明,失业保险制度在待遇确认与支付方面出现了较大偏差。三是失业保险的立法层次较低。失业保险条例属于行政法规,效力低于宪法和法律,虽然条例规定了不缴纳失业保险费的处理办法,但实践中处理起来效果欠佳。四是失业保险的统筹层次过低。按条例规定,失业保险的最高统筹层次为市级,过低的统筹层次既不利于职工的流动与失业保险关系的转移接续,同时也降低了失业保险的共济功能,不利于失业保险制度的长远发展。因此,《失业保险条例》需要及时进行修订,以适应经济发展与社会进步的步伐。

(三)《工伤保险条例》

工伤保险,是指劳动者在工作中或在规定的特殊情况下,遭受意外伤害或患职业病,导致暂时或永久丧失劳动能力或者死亡时,劳动者本人或其遗属从国家和社会获得物质帮助的社会保险制度。工伤多属于意外事故,且具有不可逆转性,工伤所造成的损失往往难以挽回,不仅给个人、家庭带来极大的痛苦,而且给企业发展和社会稳定带来极大不便。因此,绝大多数国家都建立了强制性的工伤保险制度,以此分散工伤给个人、家庭、企业以及社会带来的风险,调节发生劳动风险的劳动者与未发生劳动风险的劳动者的收入再分配,保障发生工伤风险的劳动者及其家庭的基本生活。我国于2003年制定了《工伤保险条例》,对于维护工伤职工的合法权益,分散用人单位的工伤风险,促进社会稳定,发挥了积极作用。

2003年《工伤保险条例》对工伤保险的立法目的、适用范围、工伤保险费的征缴、用人单位的工伤保险责任以及管理机关和经办机构等作了明确的规定；规定由用人单位缴纳工伤保险费，工伤保险费根据以支定收、收支平衡的原则确定费率；同时详细规定了工伤认定的情形与程序、劳动能力鉴定的条件与程序、一至十级工伤保险待遇等内容；最后还对工伤保险的监督管理以及相关法律责任等作出规定。《工伤保险条例》实施以来，工伤保险的参保人数大幅增加，更多的工伤职工享受到工伤保险待遇。全国参加工伤保险的职工由条例实施前的4575万人增至2010年9月的1.58亿人，其中农民工6131万人；条例实施至2009年年底，认定工伤420万人，享受工伤医疗待遇1080万人次，享受伤残津贴和工亡抚恤待遇434万人。①

2003年《工伤保险条例》在实施过程中也暴露出一些问题。首先，条例规定的工伤保险的覆盖范围较窄。条例规定，工伤保险仅适用于企业和有雇工的个体工商户，不包括事业单位、社会团体等组织及其职工或雇工。其次，工伤保险的认定较为困难。条例规定的工伤认定、鉴定和争议处理的程序较为复杂、时间过长，有的工伤认定需要一两年的时间，严重影响了工伤劳动者的工伤保险权益。再次，工伤保险的待遇较低。我国部分统筹地区一次性工亡补助金标准过低，最低的为3万～4万元，全国平均为10.24万元，远远低于煤矿生产事故中20万元以上的赔偿金。工伤保险待遇的高低不仅关系到工伤劳动者及其家庭的基本生活，还会影响到用人单位的参保积极性。最后，工伤保险的基金支出项目较少。按照原条例规定，一次性工伤医疗补助金、住院伙食补助费和到统筹地区以外就医所需的交通、食宿费均由用人单位而非工伤保险基金支付，用人单位的负担相对较重。

针对原条例存在的问题，2010年，我国对《工伤保险条例》进行了修订，确立了工伤保险的五大基本原则：一是强制性原则，二是职工个人不缴费原则，三是实行差别费率和企业浮动费率的原则，四是工伤补偿与工伤预防、工伤康复相结合的原则，五是一次性补偿和长期补偿相结合的原则。新条例明确其立法目的是保障因工作遭受事故伤害或者患职业病的职工获得医疗救治和经济补偿，促进工伤预防和职业康复，分散用人单位的用工风险。新条例规定了工伤保险的适用范围、工伤保险费的征缴、用人单位的工伤保险责任、管理机关和经办机构，工伤保险基金的构成、工伤保险费率的确定与缴纳等重要问题；还详细规定

① 参见法律出版社法规中心编：《中华人民共和国社会保险法典》(应用版)，法律出版社2015年版，第263页。

了应当认定工伤的情形、视同工伤的情形及不属于工伤的情形;详细规定了工伤认定的程序时限、劳动能力鉴定的程序时限,并明确了工伤保险待遇、监督管理以及相关法律责任等问题。总之,修订后的条例从切实维护职工的合法权益出发,完善了有关制度。

首先,新条例扩大了工伤保险的适用范围。按照新条例第 2 条规定,除企业和有雇工的个体工商户外,事业单位、社会团体、民办非企业单位、基金会、律师事务所、会计师事务所等都应当参加工伤保险。

其次,新条例扩大了上下班途中的工伤认定范围。新条例第 14 条将上下班途中的范围从交通事故扩大至城市轨道交通、客运轮渡、火车事故,同时对事故作了"非本人主要责任"的限定。

再次,新条例简化了工伤认定、鉴定和争议处理的程序。一是新条例增加了工伤认定的简易程序和时限,新条例第 20 条规定:"社会保险行政部门对受理的事实清楚、权利义务明确的工伤认定申请,应当在 15 日内作出工伤认定的决定。"二是新条例明确了再次鉴定和复查鉴定的时限按照初次鉴定的时限执行,即第 25 条规定:"设区的市级劳动能力鉴定委员会应当自收到劳动能力鉴定申请之日起 60 日内作出劳动能力鉴定结论,必要时,作出劳动能力鉴定结论的期限可以延长 30 日。"三是取消了行政复议前置程度,新条例第 55 条规定,发生工伤争议的,有关单位或者个人可以依法申请行政复议,也可以直接依法向人民法院提起行政诉讼。

再次,新条例提高了一次性工亡补助金和一次性伤残补助金的标准。新条例第 39 条明确规定,一次性工亡补助金标准为上一年度全国城镇居民人均可支配收入的 20 倍。为了避免工亡职工与伤残职工待遇相差过大,保障伤残职工及其家庭的基本生活,新条例还适当提高了一次性伤残补助金的标准:一级至四级伤残职工增加三个月的本人工资,五级至六级伤残职工增加两个月的本人工资,七级至十级伤残职工增加一个月的本人工资。

再次,新条例增加了工伤保险基金支出项目。为了进一步发挥工伤保险基金的作用,减轻用人单位的负担,吸引用人单位积极为职工投保,新条例第 30 条规定,将原来由用人单位支付的一次性工伤医疗补助金、住院伙食补助费和到统筹地区以外就医所需的交通、食宿费,改由工伤保险基金支付。新条例还将工伤预防费用增加为工伤保险基金支出项目,有利于从源头上减少工伤事故和职业病的发生。

最后，新条例加大了对不参保单位的处罚力度。根据新条例第62条规定，用人单位应当参保而未参保的，由社会保险行政部门责令限期参加，补缴应当缴纳的工伤保险费，并自欠缴之日起，按日加收5‰的滞纳金；逾期仍不缴纳的，处欠缴数额一倍以上三倍以下的罚款。应参保而未参保用人单位发生工伤的，新条例规定由用人单位按照本条例规定的工伤保险待遇项目和标准支付费用。

二、部门规章

我国社会保障领域的宪法法律规定较为原则和简单，需要通过行政法规和部门规章予以细化落实。社会保障制度的底子薄、起步晚、时间短，碎片化现象较为突出，为加快建设与完善社保障制度，我国的社会保障工作主要在行政法规与部门规章的规范下开展。同时，因为社会保障制度仍然处在健全完善过程之中，具有较强稳定性的行政法规在数量上相对较少，由社会保障的主管部门人力资源和社会保障部(原来的劳动部)单独或联合其他部门适时制定某一方面的社会保障部门规章成为社会保障制度建设的重要组成部分。人力资源和社会保障部作为社会保障工作的主管部门，对社会保障领域的工作较为熟悉，而部门规章的制定出台又具有较强的灵活性，因此能够适应社会保障工作专业性与灵活性的要求。

人力资源与社会保障部单独或联合其他部委制定了数量庞大、内容繁杂的部门规章。2010年，人力资源和社会保障部根据立法法规定曾对部门规章进行全面清理，清理后有效的规章数量为86件，其中社会保障方面的规章包括:《社会保险业务档案管理规定(试行)》(2009年)、《企业职工生育保险试行办法》(1995年)、《未成年工特殊保护规定》(1995年)、《社会保险审计暂行规定》(1995年)、《社会保险登记管理暂行办法》(1999年)、《社会保险费申报缴纳管理暂行办法》(1999年)、《社会保险费征缴监督检查办法》(1999年)、《社会保险基金监督举报工作管理办法》(2001年)、《失业保险金申领发放办法》(2001年)、《社会保险稽核办法》(2003年)、《工伤认定办法》(2004年)、《最低工资规定》(2004年)、《企业年金试行办法》(2004年)、《人力资源社会保障行政复议办法》(2010年)等。

2010年之后，我国进入社会保障制度的快速建设时期，人力资源和社会保障部制定的部门规章主要有:《实施〈中华人民共和国保险法〉若干规定》(2011年)、《在中国境内就业的外国人参加社会保险暂行办法》(2011年)、《社会保险基金先行支付暂行办法》(2011 年)、《社会保险个人权益记录管理办法》(2011 年)、《城乡养老保险制度衔接暂行办法》(2014 年)、《企业年金基金管理办法》(2011 年)、《新型农村社会养老保险基金财务管理暂行办法》(2011 年)、《人力资源和社会保障部关于普遍开展城镇居民基本医疗保险门诊统筹有关问题的意见》与《人力资源和社会保障部关于进一步推进医疗保险付费方式改革的意见》(2011 年)、《工伤保险经办规程》(2012 年)、《工伤认定办法》(2010 年)、《工伤职工劳动能力鉴定管理办法》(2014 年)、《非法用工单位伤亡人员一次性赔偿办法》(2010 年修订)等。

部门规章是我国社会保障制度建设的主要依据。我国社会保障领域的许多具体制度与可操作性规定，如社会保险登记管理、社会保险费申缴与监督、失业保险申领发放程序、工伤认定与经办流程、城乡养老保险衔接等，都是通过部门规章形式建立起来的。比如，由于《社会保险法》(2010 年)的规定较为原则，为了实施《社会保险法》，人力资源和社会保障部制定了《实施〈中华人民共和国保险法〉若干规定》(2011 年)，规定了养老保险、医疗保险、工伤保险与失业保险领域存在的突出问题，如规定基本养老保险缴费不足十五年的处理办法、基本养老保险向新型农村社会养老保险或城镇居民社会养老保险的转换办法、跨省流动就业的基本养老保险的计算支付办法；明确《社会保险法》第 38 条规定的因工死亡补助金即《工伤保险条例》第 39 条的一次性工亡补助金，并确定一次性工亡补助金的标准是工伤发生时上一年度全国城镇居民人均可支配收的 20 倍。《社会保险登记管理暂行办法》(1999 年)则较为详细地规定了社会保障登记管理的主管部门、登记时限、登记的属地管理、登记条件以及变更登记与注销登记的条件与时限等程序性规定。《失业保险金申领发放办法》(2001 年)规定了申领失业保险金的人员范围、所需证明材料、失业保险金的审核时限、待遇确定与失业保险关系转移等重要内容。

人力资源和社会保障部制定的部门规章属于我国立法法规定的法律的范畴。部门规章我国法律体系中的效力层级相对较低，《立法法》对部门规章的效力层级与发生法律冲突时的解决办法作出了明确的规定：部门规章的效力低于宪法、法律与行政法规；部门规章与地方性法规之间不分效力等级，二者对同一事项规定不一致时，由国务院提出意见，国务院认为应当适用地方性法规的，应当决定在该地方适用地方性法规的规定，认为应当适用部门规章的，则应当提请全国人民代表大会常务委员会裁决；部门规章之间、部门规章与地方政府规章之间则具有同等效力，在各自的权限范围内施行，对同一事项规定不一致时，由国务院裁决。

我国社会保障制度多是在部门规章推动规范下建立起来的，从表面上看，社会保障制度建设具有浓厚的政府主导色彩，而部门规章由政府部门颁发实施，在法律体系中的效力层级相对较低，因此许多人认为我国除社会保险法外，社会保障领域没有法律可言。这实际上是对部门规章性质与效力的错误认识，但也从侧面反映出社会保障制度法治化尚存不足的问题。因此，对于已经成熟的社会保障制度，应提高立法层级，尽快制定行政法规或法律。

三、地方性法规与地方性规章

我国地域辽阔，人口众多，地区与地区之间经济社会情况发展不平衡。为适应各地经济社会发展状况，《立法法》赋予省、自治区、直辖市和经国务院批准的较大的市的人民代表大会及其常务委员会以及人民政府一定的地方立法权，包括地方法规与地方规章的制定权，新《立法法》则进一步扩大了地方立法权的主体，即设区的市也享有地方立法权。地方立法的优势在于紧密结合地方特色，适应地方需求，因而更具有灵活性与实施性。地方立法是国家立法的延伸和完善，有利于国家立法的原则、精神在本地区的有效贯彻；创新性地方立法的先行先试也为国家立法的完善积累丰富经验。因此，地方立法是有中国特色社会主义法律体系的重要部分，为维护法制统一、形成门类齐全内部和谐的法律体系做出了巨大贡献。

地区的社会保障制度建设依赖于地区的经济发展状况，因此社会保障领域存在明显的地区差异。一般而言，经济发展较好省份的社会保障制度建设较为健全，社会保障项目较为齐全，社会保障水平较高；而经济发展不太好的省份的社会保障制度建设较差，社会保障项目不完整，社会保障水平也不高。为了加强社会保障法律、行政法规与部门规章在本地区的实施，各地区一般以上位法为依据，结合本地区特点制定社会保障方面的地方性法规或地方性规章，如《××省城镇企业人员养老保险条例》《××市城镇企业职工失业保险条例》《××省城镇企业人员医疗保险条例实施细则》《××省企业职工生育保险规定》《××市职工医疗保险试行规定》等等。地方性社会保障法规和规章不仅为社会保障制度的健全完善提供了法律依据，而且各具特色的地方性法规规章支持下建立起来的不同模式的社会保障制度也为社会保障法律制度的健全完善提供了实践基础。

地方性法规规章在我国法律体系中处于较低的效力层级，按照立法法规定，地方性法规规章只在本行政区域范围内有效，并不得与宪法、法律与行政法规相抵触。立法法对地方立法的原则提出了明确的要求，即“不抵触、有特色与可操作”。

第四节　国际条约和惯例

国际条约是指两个或两个以上国家之间，或国家组成的国际组织之间，或国家与国际组织之间，共同议定的在政治、经济、科技、法律、文化、军事等方面，按照国际法规定其相互间权利义务关系的法律文件的总称。一般情况下，多数国家认为，凡是本国签署的已生效的条约，经本国法律程序批准即可产生国内效力；当国际条约与国内法抵触时，优先适用国际条约。我国宪法未对国际条约的国内效力作出明确规定，但《民法通则》与《民事诉讼法》对国际条约的国内效力作出了相同的规定。1986 年《民法通则》第 142 条规定：“中华人民共和国缔结或者参加的国际条约同中华人民共和国的民事法律有不同规定的，适用国际条约的规定，但中华人民共和国声明保留的条款除外。”2012 年《民事诉讼法(第二次修正)》第 260 条亦规定：“中华人民共和国缔结或者参加的国际条约同本法有不同规定的，适用该国际条约的规定，但中华人民共和国声明保留的条款除外。”《民法通则》作为民商事领域的基本法，实际上确定了国际条约的国内法效力，即一般情况下国际条约优先于国内法适用，声明保留的条款除外。

社会保障权是一项重要的国际人权，许多国际条约包括人权类综合性国际条约、专门性国际条约以及区域性国际条约，都对其作了明确的规定。我国签署批准了多项有关人权与社会保障权的国际条约，在中华人民共和国国内这些国际条约具有优先适用的法律效力，因此这些国际条约共同构成了我国社会保障制度的法的渊源，国内社会保障权亦因此得到丰富和发展。对于那些中国没有参加的社会保障类国际条约或区域性社会保障类国际条约，其社会保障的理念选择与具体制度设计等对中国社会保障制度的健全完善可起到启示与借鉴作用。

本节内容主要对国际条约中有关社会保障权的规定作较为详细的梳理，解析国际上社会保障权的发展规律与未来趋势，找出我国社会保障权与国际社会保障权存在的差距，指明国内社会保障权的未来发展趋势。

一、人权类综合性国际条约对社会保障权的规定

1945 年《联合国宪法》第 1 条第 3 款将“促成国际合作，以解决人类福利性质之国际问题”作为宗旨之一。

1948 年，联合国大会通过《世界人权宣言》(Universal Declaration of Human Rights)，这是二战后联合国通过的第一个关于人权的专门性国际文件。《世界人权宣言》第一次将社会保障权作为一项国际人权提出来。该宣言第 22 条规定：“每个人，作为社会的一员，有权享受社会保障，并有权享受他的个人尊严和人格的自由发展所必需的经济、社会和文化方面各种权利的实现，这种实现是通过国家努力和国际合作并依照各国的组织和资源情况。”第 25 条第 1 款规定：“人人有权享受为维持他本人和家属的健康和福利所需的生活水准，包括食物、衣着、住房、医疗和必要的社会服务；在遭到失业、疾病、残废、守寡、衰老或在其他不能控制的情况下丧失谋生能力时，有权享受保障。”

1966 年，《经济、社会、文化权利国际公约》(The International Convention on Economic，Social and Cultural Rights)第一次以法律形式对经济、社会及文化权利加以确认，因而是最有影响的国际人权文书之一。该公约第 9 条明确规定社会保障权是人人享有的基本人权，即“本公约缔约国各国承认人人有权享受社会保障，包括社会保险”。第 11 条规定：“本公约缔约各国承认人人有权为他自己和家庭获得相当的生活水准，包括足够的食物、衣着和住房，并能不断改进生活条件。各缔约国将采取适当的步骤保证实现这一权利，并承认为此而实行基于自愿同意的国际合作的重要性。”我国于 2001 年加入该公约，此后积极制定和采取一系列政策、措施，保障该公约规定的各项权利的实现。在社会保障方面，2003 年，我国开始建立新型农村合作制度，完善城镇基本养老保险制度；2007 年，开始建立农村居民最低生活保障制度和城镇居民基本医疗保险制度；2009 年，在全国开展新型农村社会养老保险试点，出台农民工养老保险关系转移接续办法。2007 年，党的十七大对建立中国特色社会保障体系作出全面部署，提出要以社会保险、社会救助、社会福利为基础，以基本养老、基本医疗、最低生活保障制度为重点，以慈善事业、商业保险为补充，加快完善社会保障体系，并提出到 2020 年要实现“覆盖城乡居民的社会保障体系基本建立，人人享有基本生活保障”的目标。2010 制定的《社会保险法》确立了我国社会保险制度的基本方针是“广覆盖、保基本、多层次、可持续”。《社会保险法》适应城乡一体

化与新型城镇化发展需求，要求整合城乡社会保障制度制度，逐步实现基本社会保障制度的统一和城乡衔接；同时要求加大社会保障投入，重点向农民工、被征地农民、城市无业人员和城乡残疾人等特殊困难人群倾斜。

1969 年，联合国《社会进步与发展宣言》第 1 条规定："一切人民和全体人类不分种族、肤色、性别、语言、宗教、国籍、人种来源、家庭地位或社会地位、政治信念或其他信念，均应有权在尊严和自由中生活和享受社会进步的成果，而他们本身则应对此作出贡献。"第 8 条规定，政府对社会保障负有首要责任，即"每个国家政府的首要任务和根本责任在于确保其人民的社会进步和福利"。《社会进步与发展宣言》还详细列举了社会进步与发展的主要目标，与社会保障权有关的是第 10、11 条规定。第 10 条规定："（甲）……促进充分的生产就业以及消除失业和就业不足；为一切人建立公平和有利的工作条件，包括改善卫生和安全的条件；保证不加任何歧视地给予劳动者以公正的报酬和保证一种正当而合适的生活水准所需的足够高的最低限度工资；保护消费者……（丙）消除贫困；保证不断地改进生活水平和给以公平的收入分配……（己）为一切人，特别是低收入的各部分人和人口多的家庭提供足够的住房和社会服务。"第 11 条规定："（甲）提供全面的社会保障计划和社会福利事业，为所有因疾病、残疾或年老而暂时或永久不能谋生的人，制定和改进社会保障和保险方案，以保证这些人和他们的家庭与家属维持适当的生活水准；（乙）保护母亲和儿童的权利；关心儿童的抚育和健康；提供措施，保障妇女的健康和福利……（丙）保护儿童、老年人和残废人的权利并保证他们的福利；对在身体或精神方面处于不利状态的人提供保护……"第 19 条则对实现社会保障权的方法和手段作出规定："（甲）对全体居民提供免费的卫生服务和人人可以利用的充足防治疾病设备及福利医疗服务；（乙）制定和确立立法措施和行政条例，以便执行社会保障计划与社会福利服务的全面规划和改进与调整现有服务业务；（丙）按照国际劳工组织第 97 号公约和有关外来移居工人的其他国际文件的规定，为外来移居工人及其家庭采取措施和提供社会福利服务……"

1974 年，联合大会《各国经济权利和义务宪章》第 7 条则将促进人民在经济、社会以及文化方面的发展定位为各国政府的首要责任，即"各国首屈一指的责任是促进本国人民在经济、社会以及文化方面的发展。为了实现这一宗旨，每个国家都有权利和责任选择本国发展的道路和目标，充分动员和利用本国的资源，实行进步的经济改革和社会改革，并且切实保证本国人民能够充分参加发展的过程,充分分享发展的利益”。

1965 年,联合国大会通过《消除一切形式种族歧视公约》。该公约一一列举了公民在政治、经济、社会和文化领域中的具体人权。其第 5 条第 5 款第 4 项要求,缔约国有义务承诺禁止并消除一切形式种族歧视,保证人人有不分种族、肤色或民族或人种在法律上一律平等的权利,得享受包括“公共卫生、医药照顾、社会保障及社会服务”在内的各项具体权利。为保障各项人权的实现,公约还将通过法院或其他机构制止种族歧视行为这一有效补救方法规定为一项基本权利,即公约第 6 条规定:“缔约国应保证在其管辖范围内,人人均能经由国内主管法庭及其他国家机关对违反本公约侵害其人权及基本自由的任何种族歧视行为,获得有效保护与救济,并有权就因此种歧视而遭受的任何损失向此等法庭请求公允而充分的赔偿或补偿。”

值得注意的是,多个关于社会保障权的重要国际条约均有关于本人及其家庭和家属社会保障权的规定,而不仅局限于个人社会保障权。我国的社会保障目前仍然停留在个人社会保障权的范畴,缺乏对家庭和家属社会保障权的规定。

二、社会保障类国际条约对社会保障权的规定

除上述人权类国际公约对社会保障权作出规定外,国际上还有社会保障类国际条约详细规定社会保障权,主要包括《社会保障(最低标准)公约》《社会保障同等待遇公约》《维护社会保障权利公约》等。国际劳工组织(International Labour Organization)是推动社会保障类国际条约出台的重要力量。自 1919 年成立之日起,国际劳工组织作为致力于全球范围内促进社会保障工作的专门机构,其宗旨即在于通过劳工立法和开展合作,促进社会正义,维护世界持久和平。我国是国际劳工组织的创始会员国。

国际劳工组织 1952 年通过《社会保障(最低标准)公约》,该公约是社会保障类国际公约中的基本文件,是社会保障国际合作发展的里程碑。有学者甚至认为,只有在该公约中,社会保障权才清楚地被看作是一项基本人权。该公约明文规定了退休待遇、疾病津贴、医疗护理、失业救济、工伤补偿、残疾津贴、子女补助、死亡补助的最低标准及支付限期。如公约规定养老金的最低替代率为 55%;有条件的国家应使参加失业保险的人数达到工资劳动者的 85%,其他国家不应低于 50%,失业津贴一般不低于投保人以前收入的 50%或最低工资的

50%。为保障投保人的社会保障权利，该公约还赋予投保人以上诉权与申诉权，即第70条第1款规定，“每个提出要求者对拒发津贴应享有上诉权，对质量或数额有申诉权”，并且强调了会员国的责任。第71条第3款规定：“会员国应对按照本公约规定提供应当提供的津贴承担总责，并应采取为达此目的而需要的一切措施。”《社会保障(最低标准)公约》以其统一规定的最低层次即基本性和广泛性，获得了相当多的国家的认可，促使缔约国修订了以前的国内立法，制定和实施新的社会保障政策，促使这些国家从整体上提高国内社会保障水平。因此，《社会保障(最低标准)公约》的重大意义在于：其一，它通过确立社会保障的国际基准，促进了社会保障体系的整合，从而以国际立法的方式正式确立了社会保障的独特地位。其二，它是近半个世纪以来社会保障制度形成发展的经验总结，是对社会保障历史、现状和未来发展的综合体现。[①]

1962年，国际劳工组织《本国人与外国人社会保障同等待遇公约》在此基础上进一步强调了社会保障作为基本权利的重要性，因此需要不分国籍地予以保障，并重申会员国的义务，尤其是立法义务。该公约第2条规定：“会员国得就下列任何一项或几项社会保障接受本公约的义务，对这些社会保障该会员国应有适用于居住在其国内的本国国民的有效实施的立法……”第3条规定：“本公约生效的会员国，应就其已接受本公约义务的各类社会保障，在覆盖范围和津贴权利方面，在其领土上，对本公约生效的其他会员国的国民，根据立法给予与本国国民同等的待遇。”我国人力资源和社会保障部于2011年制定《在中国境内就业的外国人参加社会保险暂行办法》，规定在中国境内就业的外国人应当根据《社会保险法》参加职工基本养老保险、职工基本医疗保险、工伤保险、失业保险和生育保险，并依法享受社会保险待遇。这就赋予了外国人在中国境内享有与本国人同等的社会保险待遇。

1982年通过的《维护社会保障权利公约》确立了维护社会保障的基本原则，将1935年的《保持残疾、老年及遗属保险权利国际制度的建立公约》的保障范围扩大到上述九个项目。不仅如此，1983年又通过了《维护社会保障权利建议书》，对该公约确定的基本原则作了示范性的具体规定，同时提供了国际间协调的示范性协议。[②]

---

① 参见种及灵：《论社会保障的国际合作》，载《法学》2000年第9期。

② 参见史探径：《世界社会保障立法的起源和发展》，载《外国法译评》1999年第2期。

三、专门性国际条约对社会保障权的规定

除人权综合性与社会保障类综合性国际条约规定社会保障权外，世界上还有许多专门针对某一特殊群体如老人、妇女、儿童或残疾人的社会保障的国际条约，以及专门规定基本养老保险、基本医疗保险、工伤保险、失业保险与生育保险的国际条约。这些条约对不同群体的不同社会保障权利作出了更加具体而明确的规定，为各国社会保障制度的健全完善指明了发展的方向与规程。

国际劳工组织自成立以来就一直致力于保护妇女的生育权利。1919 年第一届国际劳动大会通过了《保护生育公约》(第 3 号)。1952 年，第 35 届国际劳工大会通过的《社会保障(最低标准)公约》(第 102 号)对生育补助金作了专门规定，随后又通过了《保护生育公约》(第 103 号)(修订本)和《保护生育建议书》(第 95 号)。1975 年，国际劳工组织通过了《女工机会均等和待遇平等声明》，其中明确规定，由于生育是一种社会职能，所有女工应有权根据《保护生育公约》(第 103 号)(修订本)和《保护生育建议书》(第 95 号)规定的最低标准享有充分的生育保护，其费用应由社会保障、其他公共基金或通过集体协议承担。2000 年，第 88 届国际劳工大会为了促进劳动力中的所有妇女享有平等和母子的健康与安全权，又通过了《保护生育公约》(第 183 号)(修订本)和《保护生育建议书》(第 191 号)。国际劳工组织通过的三个保护生育公约的更替演变，代表着妇女的生育权利不断得到完善和发展。三个公约在实施过程中表现出如下特点：

1. 覆盖范围不断扩大。第 3 号公约保护的妇女仅涉及那些在公、私营工业和商业企业中的妇女，而第 183 号公约扩大到所有受雇妇女。

2. 产假的期限不断增加。第 183 号公约将产假从之前的 12 周提高到最低 14 周，第 191 号建议书中则提高到了 16 周。

3. 生育津贴待遇标准不断提高和完善。第 183 号公约在医疗护理包括产前护理和与分娩相关的护理、产后护理和住院等方面取得了重大进展，规定提供现金津贴待遇标准是津贴的比率足以确保维持妇女及其孩子适宜的卫生条件和适当的生活标准，并在考虑到生活费用的波动的情况下定期进行调整。

4. 就业保护和非歧视原则逐步确立。第 183 号公约确保生育不仅不会在就业中，而且亦不会在获得就业机会方面构成一种歧视的根源，并将保护阶段扩展到包括妊娠以及国家法律或法规规定的产假之后重返工作以后的阶段。

国际劳工组织按照所从事职业的标准，将公约的规范主体分为两类：一类是工商业或自由职业受雇用人及厂外工人与家庭佣工，二类是农业受雇人员。对这两类人员分别制定了医疗护理、疾病津贴、残疾津贴、老年津贴以及遗属津贴等公约，如第 24 号公约《工商业工人及家庭佣工的疾病保险公约》和第 25 号公约《农业工人疾病保险公约》，第 37 号公约《工商业或自由职业受雇用人及厂外工人与家庭佣工的强制性老年保险公约》和第 38 号公约《农业受雇人员的强制性老年保险公约》等。这些公约规定实行强制性疾病保险制度、强制性残废保险制度、强制性老年保险制度，公约对医疗护理、疾病津贴、残疾津贴、老年津贴以及遗属津贴规定了最低支付标准。1967 年的第 128 号公约《残废、老年、遗属津贴公约》则对以前的公约进行了修正，提高了最低支付的标准，规定了优于以前的待遇标准。

国际劳工组织 1921 年第 12 号公约《农业工人赔偿公约》规定，农业工人应包括在现行工人赔偿立法的适用范围内。1925 年第 17 号公约《工人事故赔偿公约》规定了赔偿主体的范围，即凡因工业事故而致身体遭受伤害（永久丧失工作能力或死亡）的工人或需其赡养的亲属，应给予赔偿。1925 年，第 18 号公约《工人职业病赔偿公约》规定，按照有关工业事故法律的一般原则支付职业病赔偿金。1964 年，第 121 号公约《工伤事故津贴公约》则扩大了适用范围，规定改进医疗护理和有关服务，并明确规定了定期支付的工伤津贴的最低标准。

1989 年，联合国大会通过了《儿童权利公约》，这是第一部专门保障儿童权利且具有法律约束力的国际性约定。除索马里和美国外，世界上有 193 个国家批准了该公约，是有史以来得到最广泛接受的国际公约。公约的多项条款规定了儿童的社会保障权。如《公约》第 26 条规定："缔约国应确认每个儿童有权受益于社会保障，包括社会保险，并应根据其国内法律采取必要措施充分实现这一权利。"第 27 条规定了儿童的父母及缔约国对儿童的责任："……2. 父母或其他负责照顾儿童的人负有在其能力和经济条件许可范围内确保儿童发展所需生活条件的首要责任。3. 缔约国按照本国条件并在其能力范围内，应采取适当措施帮助父母或其他负责照顾儿童的人实现此权利，并在需要时提供物质援助和支助方案，特别是在营养、衣着和住房方面。"

四、区域性国际条约对社会保障权的规定

作为一项基本人权，社会保障权在诸多世界性国际条约中得到认可和规

范,同时地区性的合作也发展迅速。其具体成果有:1950 年签署的以航行于莱茵河的船员为对象的社会保障条约,1957 年以欧洲铁路、公路、航空运输劳动者为对象的欧洲水陆运输国际社会保障条约,以及同年以欧洲煤钢共同体加入国移民劳动者为对象的社会保障条约。非洲共同组织 1971 年签署了《社会保障一般条约》,而中北美地区国家也形成了《社会保障多国条约》。更为重要的是,在这些合作成果中,已将一些社会保障国际合作的重大原则具体化了。比如,欧洲共同体于 1971 年制定的《社会保障适用规定》,调整对象是共同体成员国所有迁徙的各国劳动者及其家属,这样就把内外劳动者平等的原则具体化了。[①]这说明,社会保障的地区性国际合作取得了丰硕的成果。

1948 年,美洲国家组织通过《美洲人的权利和义务宣言》,这是世界上第一个区域性的人权保护文件。该《宣言》认为,人的基本权利并非源于某人属于某一国国民这一事实,而是基于人的人格属性,因此人权的国际保护应成为发展中的美洲法律的主要指南。该《宣言》在"权利"一章中除规定人人享有健康权及获得报酬权之外,还在第 16 条中专门规定社会保险权,即"人人享有社会保险的权利,保护其免受失业、衰老或因自己无法控制的原因而造成的伤残的影响,这些伤残使其本人在身心两方面都不可能维护自己的生计"。值得注意的是,《美洲人的权利和义务宣言》强调权利和义务的统一,除规定人人享有社会保险权外,还较为少见地以专门条款的形式对个人享受社会保险权和福利所负担的义务作出总括性规定。第 35 条规定:"每个人有义务按照自己的能力和现有条件与国家和社区就社会保险和福利问题进行合作。"虽然《宣言》拟定之初并不具有普遍法律拘束力,但从美洲国家间人权委员会与美洲人权法院的具体实践和立场来看,即使《美洲人权公约》通过之后,《美洲人的权利和义务宣言》仍然被视为美洲各国人权义务的渊源之一;而且在美洲国家组织体系架构发展过程中,《宣言》被逐渐纳入美洲国家组织体系之中,并在法律地位上深化为对《美洲国家宪章》所规定的个人基本权利的权威解释。[②]

1953 年,欧洲理事会成员国制定的《欧洲人权公约》(又称《保护人权与基本自由公约》)正式生效。该公约主要规定了个人权利和政治权利,但对经济、社会和文化权利涉及较少。1965 年生效的《欧洲社会宪章》则广泛规定了公民的经济、社会和文化权利,包括社会保障权。《欧洲社会宪章》第 12 条规定:"社会

---

① 参见王延中、魏岸岸:《国际双边合作与我国社会保障国际化》,载《经济管理》2010 年第 1 期。

② 参见谷盛开:《〈美洲人的权利和义务宣言〉及其法律地位的演化》,载《人权》2005 年第 6 期。

保障权。为确保社会权和健康帮助权的行使，各缔约方有如下义务：1. 建立或维护社会保障制度；2. 维护社会保障制度在一个合理水平，至少与必要的《欧洲社会保障手册》的合理性持平；3. 促进社会保障制度不断提升到更高水平；4. 采取各种措施尊重与保证社会保障权的实现。”从文本来看，修改后的《欧洲社会宪章》比国际劳工组织的《社会保障（最低标准）公约》设定了更高水平的义务。如第 13 条第 1 款规定：“为确保社会权和健康帮助权的有效行使，各缔约方负有如下义务：……对于通过自身或其他途径都无法获得足够资源、尤其在社会保障计划覆盖下的任何人，应当确保其获得足够的援助。”①

1981 年制定、1986 年生效的《非洲人权和民族权宪章》是发展中国家通过的第一个具有法律约束力的区域性国际人权文书，具有鲜明的地区特色和发展中国家色彩。该宪章从非洲发展中国家实际出发，科学阐明公民权利和政治权利与经济、社会和文化权利的关系，指出二者关系紧密，不可分割，且后者是前者的保证。该宪章虽然没有直接规定公民的社会保障权，但是其第 16 条、18 条关于健康权、家庭权、老年和残疾者获得特殊保护的权利等均是社会保障权的重要内容。《宪章》第 16 条规定：“1. 人人有权享有能够达到最佳的身心健康状况。2. 本宪章各缔约国应采取必要措施，保护其人民的健康，并确保人人在患病时能够享受医疗护理。”第 18 条规定：“1. 家庭是社会的自然单位和基础。它应当受到国家的保护，国家应当关心它的物质上和精神上的健康。2. 国家有义务帮助家庭这个社会所确认的道德和传统价值的管理者。3. 国家应确保消除对妇女的一切歧视，同时应确保维护国际宣言和公约所规定的妇女和儿童的权利。4. 老年人和残废人有权享有符合其身体和精神需要的特殊保护措施。”从宪章规定可以看出，宪章注重经济、社会和文化权利的保护，强调个人社会保障权利与个人义务的一致，突出国家的社会保障责任，符合非洲发展中国家人权保护的现实需要。

第五节　政　策

所谓政策，是指国家政权机关、政党组织和其他社会政治集团为了实现自

---

① European Social Charter（Article 13），http://conventions. coe. int/treaty/en/treaties/html/163. htm. 转引自钟会兵：《作为宪法权利的社会保障权——基本文本与判例分析》，载《学术论坛》2005 年第 10 期。

己所代表的阶级、阶层的利益与意志，以权威形式标准化地规定在一定的历史时期内，应该达到的奋斗目标、遵循的行动原则、完成的明确任务、实行的工作方式、采取的一般步骤和具体措施。政策和法律之间既有着互相渗透的紧密关系，又在功能、效力与稳定性等方面存在明显的区别。

一、政策和法律的关系

政策和法律都以统治阶级的政治权利为基础，为维护统治阶级的统治服务，因而二者之间存在着密切的关系：一是功能相同。政策和法律都是国家进行社会管理的手段和工具，二者共同调整和规范着社会关系。二是内容一致。作为执政党的共产党的政策一般以国家政策的形式表现出来，而成为国家政策的大政方针一般都经过一定的法律程序被规定在宪法或法律之中，党的政策、国家政策成为法律的重要组成部分，与法律在内容上具有一致性。三是适用互补。政策和法律的适用范围不完全相同，政策比法律的调整范围更广泛、更具体，有些领域如宗教、道德等只能用政策而不能用法律进行调整，因此政策在适用方面具有弥补法律不足的作用。

虽然政策和法律之间存在密切关系，但同样存在明显区别：一是规范形式不同。作为调整社会生活的重要手段，法律必须具有明确性而不仅仅是原则性，这样才有利于法律的遵守与实施；而政策不同，有的政策往往只具有行为方向性而不规定具体的行为规则。二是权威性不同。法律具有强制性和惩罚性，以国家强制力为实施后盾；政策的强制性与惩罚性则明显较弱，对于仅违反政策而不违反法律的行为，一般只能以行政手段予以惩处。三是稳定性不同。法律具有较强的稳定性，不经法定程序不得变更或废止；政策则具有较强的灵活性，能够根据社会形势的变化及时作出调整。

法律和政策都是统治阶级维护阶级统治的手段，统治阶级除颁布实施具有强制性和稳定性的法律之外，还会制定大量具有指导性和灵活性的政策。各具不同特点的法律与政策各有不同的实施领域，共同起到维护阶级统治的目的。对于已经成熟的政策，统治阶级一般会经过法定程序使之上升为法律，政策变为法律的一部分。

虽然我国一直致力于法律制度建设工作，并且已经建成有中国特色的社会主义法律体系，但社会保障领域主要是在政策规范下展开各项社会保障工作，社会保障制度的法治化程度并不高。这主要是因为：一是我国还处在社会主义初级阶段，现实国情是人口多、底子薄、地区差异大、城乡差异大，社会保障制度只能由各省市在实践中摸着石头过河，从而出现了多种社会保障模式，短期内难以做到制度上的统一规整。二是我国社会保障制度建设具有起步较晚、基础较差、城乡分立、职业分割等特点，实践中只能是成熟一个完善一个，因而必须以更具灵活性的政策进行规范指导。我国的社会保障政策虽然不具有法律的强制与权威效力，但实际上承担着健全完善社会保障制度的重任，因而成为我国社会保障制度的特殊且重要的渊源。当然，在制度成熟的基础上，我国已将一些社会保障政策通过立法程序提升到法律法规或部门规章的层次，社会保障领域的法治化程度正在逐步加强。

中国共产党是我国的执政党，历届党的全国人民代表大会都对社会保障制度作出政策要求。国务院是我国的最高国家行政机关，在党的领导下管理社会保障制度建设工作。人力资源和社会保障部是社会保障事务的主管机关，负责建立覆盖城乡的社会保障体系，拟订人力资源和社会保障事业发展规划与政策。我们的党、国务院以及人力资源和社会保障部围绕社会保障事业都发布了数量众多的政策。据有关部门统计，我国常用的全国性的规范社会保障权的文件共 200 件左右，其中法律、行政法规、规章仅占约 1/4，其余 3/4 均为其他行政规范性文件。尤其是在 2010 年《社会保险法》制定之前，除工伤和失业保险外，我国社会保障工作几乎均以政策为实施依据。

二、我国的社会保障政策

养老保险是社会保险的主要制度。此处仅以养老保险为例、以时间为序阐释我国的社会保障政策。

1986 年，国务院在《中国国民经济与社会发展第七个五年计划》中提出，要有步骤地建立具有中国特色的社会保障制度。

1991 年，国务院发布《关于企业职工养老保险制度改革的决定》，提出建立多层次的养老保险体系，规定基本养老保险实行社会统筹，费用由国家、企业和职工个人三方负担。

1993 年，国务院发布《关于建立社会主义市场经济体制若干问题的决定》指出："城镇职工养老和医疗保险由单位和个人共同负担，实行社会统筹和个人账户相结合的制度。"

1995 年，国务院发出《关于深化企业职工养老保险制度改革的通知》，要求建立社会统筹和个人账户相结合的养老保险制度。

1997年，国务院发布《关于建立统一的企业职工基本养老保险制度的决定》，要求到本世纪末要基本建立起适应社会主义市场经济体制要求、适用城镇各类企业职工和个体劳动者、资金来源多渠道、保障方式多层次、社会统筹与个人账户相结合、权利与义务相对应、管理服务社会化的养老保险体系。

2005年，国务院发布《关于完善企业职工基本养老保险制度的决定》，指出随着人口老龄化、就业方式多样化和城市化的发展，现行企业职工基本养老保险制度还存在个人账户没有做实、计发办法不尽合理、覆盖范围不够广泛等问题，因此要求，"确保基本养老金按时足额发放，保障离退休人员基本生活；逐步做实个人账户，完善社会统筹和个人账户相结合的基本制度；统一城镇个体工商户和灵活就业人员参保缴费政策，扩大覆盖范围；改革基本养老金计发办法，建立参保缴费的激励约束机制；根据经济发展水平和各方面承受能力，合理确定基本养老金水平；建立多层次养老保险体系，划清中央与地方、政府与企业及个人的责任；加强基本养老保险基金征缴和监管，完善多渠道筹资机制；进一步做好退休人员社会化管理工作，提高服务水平"。

2007年，党的十七大提出，要"加快建立覆盖城乡居民的社会保障体系……要以社会保险、社会救助、社会福利为基础，以基本养老、基本医疗、最低生活保障制度为重点，以慈善事业、商业保险为补充，加快完善社会保障体系。促进企业、机关、事业单位养老保险制度改革，探索建立农村养老保险制度。全面推进城镇职工基本医疗保险、城镇居民基本医疗保险、新型农民合作医疗制度建设。完善城乡居民最低生活保障制度……"

2009年，国务院根据党的十七大和十七届三中全会精神，发布《关于开展新型农村社会养老保险试点的指导意见》，决定从2009年起开展新型农村社会养老保险试点，2020年前基本实现对农村适龄居民的全覆盖。试点的基本原则是"保基本，广覆盖，有弹性，可持续"，探索建立个人缴费、集体补助、政府补贴相结合的新农保制度，实行社会统筹和个人账户相结合，与家庭养老、土地保障、社会救助等其他社会保障政策措施相配套。

2011年，国务院发布《关于开展城镇居民社会养老保险试点的指导意见》，要求逐步解决城镇无养老保险居民的老有所养问题，确定城镇居民养老保险试点的基本原则是"保基本，广覆盖，有弹性，可持续"，实行个人和政府合理分担责任、政府主导和居民自愿相结合以及属地管理等。

2012年，国务院批转《社会保障'十二五'规划纲要》，指出社会保障的指导思想是，"坚持'广覆盖，保基本，多层次，可持续'的基本方针，以增强公平性、适应流动性、保证可持续性为重点，加快建立覆盖城乡居民的社会保障体系，使广大人民群众得到基本保障，共享经济发展的成果，促进社会主义和谐社会建设"。在养老保险制度建设方面要，"加快健全养老保险制度。实现新农保制度全覆盖，提高基础养老金水平。完善企业职工基本养老保险制度。建立城镇居民社会养老保险制度，在试点的基础上全面实施。"

2012年，党的十八大报告指出："社会保障是保障人民生活、调节社会分配的一项基本制度。要坚持全覆盖、保基本、多层次、可持续方针，以增强公平性、适应流动性、保证可持续性为重点，全面建成覆盖城乡居民的社会保障体系。改革和完善企业和机关事业单位社会保险制度，逐步做好养老保险个人账户工作，整合城乡居民基本养老保险和基本医疗保险制度，建立兼顾各类人员的社会保障待遇确定机制和正常调整机制。完善社会救助体系，健全社会福利制度，支持发展慈善事业，做好优抚安置工作。"

2014年，国务院发布《关于建立统一的城乡居民基本养老保险制度的意见》，决定将新农保和城居保两项制度合并实施，在全国范围内建立统一的城乡居民基本养老保险制度。

由上可知，国务院根据时势需要发布了较多养老保险政策。这些养老保险政策不仅确立起养老保险的基本原则与具体内容，而且逐渐完善了养老保险的基本理念。在2010年《社会保险法》实施之后，根据新型城镇化发展与城乡和谐发展需要，为贯彻落实社会保险法，国务院更是积极制定城镇居民基本养老保险政策与统一的城乡居民养老保险政策。正是在上述养老保险政策的规范指引下，我国企业职工基本养老保险、农村居民基本养老保险、城镇居民基本养老保险等制度得以建立、健全和完善。

三、我国社会保障政策评析

相较于法律而言，政策具有指导性与灵活性等特点。社会保障领域之所以存在大量的政策而非法律，正是源于政策比法律更能适应社会保障制度建设的实际需求。社会保障政策不仅为社会保障制度的建立健全做出了贡献，而且为社会保障法律的制定出台提供了丰富的经验积累。但政策本身亦存在效力不足、规范不一等实际问题，随着社会保障制度的日渐成熟与公民法治意识的普遍增强，社会保障领域的法治化呼声越来越高。

如前所述，我国常用的全国性的社会保障文件中有约 3/4 为政策文件，这还只是中央层面的政策文件，在地方层面运行的政策文件的层级更低数量更多。数量众多的社会保障政策存在的问题主要表现在三个方面：首先，政策与政策、法律之间较易产生矛盾冲突。由于政策的制定与出台相较于法律而言缺乏严格的程序性规定，因而中央政策与地方政策、国务院政策与部门政策之间以及政策与法律法规之间不可避免地存在矛盾冲突。其次，政策的强制力不足。政策只能设定行政责任而不能设定法律责任，不具备法律的强制执行力。实践中出现的大量社会保障纠纷的法律救济渠道不畅通，而行政救济又因政府"既是运动员又是裁判员"的双重身份难以实现。最后，大量社会保障政策的存在容易使政府产生职能错位。各级政府及人力资源与社会保障部门是各项社会保障政策的执行者，行政权力的自身膨胀特性使得各级政府及人力资源与社会保障部门容易将社会保障政策解读为自身的特权或权力，从而将自身摆在为民众提供社会保障的施恩者的地位，这样就容易忽视对民众社会保障权利的尊重与保护。

第七章

我国社会保障法律制度存在的问题与发展趋势

第一节　社会保障法律制度存在的问题

其他国家的经验表明，立法先行是社会保障制度建立和发展的前提条件。我国的社会保障法律制度在诸多方面还存在一定问题。社会保障制度的健全完善是新型城镇化发展的基础，新型城镇化对城乡社会保障法律制度提出了新的要求，如何适应新型城镇化发展要求是社会保障法律制度建设面临的不容回避的新问题。

一、社会保障法律体系构建不尽合理

党和国家高度重视法治建设工作。2011年，以宪法为核心，以法律为主干，包括行政法规、地方性法规等规范性文件，由七个法律部门、三个层次法律规范构成的中国特色社会主义法律体系已经形成。社会保障法律是社会法的重要内容，从总体上看，我国社会保障领域也基本形成以宪法为核心、以社会保险法为主干、包括行政法规与地方性法规等在内的自上而下的法律体系。2010年，《社会保险法》的制定出台打破了社会保障领域没有基本法律规范的历史，首次将养老保险、医疗保险、工伤保险、失业保险与生育保险综合规定在一部法律中，因而对于社会保障法律体系的构建具有重要的意义。但是我国的社会法律体系仍然存在着以下几个问题：

一是社会保障法律制度的根系不甚发达。宪法并没有直接确认公民的社会保障权(宪法规定其为“物质帮助权”),并且缺乏基于权利义务对应原则的义务性规定,如没有规定公民为享受社会保障权而需承担缴费义务。

二是社会保障法律制度的主干过于单薄。相对于社会保险而言,社会救济、社会福利与社会优抚制度更能体现国家对老弱病残孕等社会弱势群体的体恤与安置。但我国除社会保险外,社会救济、社会福利与社会优抚等领域缺乏基本法律的支撑。

三是社会保障法律制度的枝叶过于繁密。社会保障领域存在数量众多的行政法规与地方性法规,这些行政法规与地方性法规为社会保障制度的建立健全做出了贡献。但是,数量过多的行政法规与地方性法规容易造成社会保障制度的行业差异、城乡差异与地区差异。因而,对于时机条件均已成熟的行政法规与地方性法规,需要及时提高立法层级,加强法律效力。

四是社会保险法的原则性较强而操作性不足。社会保险法的出台历经十余年时间,几经易稿,其本身就是中央与地方利益、部门与部门利益妥协的产物,因而不可避免地带有种种先天不足。

五是社会保障领域存在大量不具有法律效力的政策。虽然社会保障政策实际上起着规范健全社会保障制度的作用,但社会保障政策本身并不是严格意义上的规范性法律文件。

二、社会保障立法相对滞后

立法先行是所有国家社会保障制度建设与改革的经验所在。由于特殊国情,我国社会保障制度建设走的是渐进改革、试点先行、单独立法的道路,即哪一方面的社会保障制度需要立刻建立或者出现较大缺陷,国家就进行哪一方面的制度建设或者改革;哪一方面的试点经验成熟了,就进行哪一方面的立法。渐进改革、试点先行、单独立法的社会保障制度建设路径造成社会保障立法相对滞后,虽是特殊国情之下的无奈之举,但长期的制度试点既需要付出高昂的代价与成本,又可能因遭遇试点地区或主体的抵制而归于失败,并且还会损害社会保障制度整体的健康发展。比如,我国早在 1992 年就曾在云南、江苏、福建、山东、辽宁、山西等省开始局部试点机关、事业单位养老保险制度改革,2008 年亦曾选择部分地区进行事业单位改革试点,但试点多仅选择事业单位进行改革,且各地试点步调不一,没有形成全国统一的事业单位养老保险的全面改革方案，没有解决历史欠债与职业年金，均以失败告终。社会保障立法的相对滞后，不仅不利于保护公民的社会保障权益，而且对构建有中国特色社会主义法律体系形成一定阻碍。

三、社会保障法的法律条文相对简单

由于土地广阔、人口众多，我国以往的立法一直沿用宜粗不宜细的思路，因而条文和字数均相对较少，社会保障立法同样如此。曾有人做过粗略的统计，《失业保险条例》是 33 条，约 4000 字；《社会保险费征缴暂行条例》是 31 条，约 4200 字；《企业职工工伤保险试行办法》是 63 条，约 12000 字；《城市居民最低生活保障条例》是 17 条，约 3000 字；《关于建立统一的企业职工基本养老保险制度的决定》是 10 条，约 2500 字。而国外在这方面的立法要详尽得多。如日本 1974 年制定、1975 年施行的《日本雇佣保险法》是 86 条，约 28000 字；国际劳工组织 1952 年通过的《社会保障（最低标准）公约》是 87 条，约 22000 字。① 而我国即使是《社会保险法》也只有 97 条，约 10000 字，却需涵盖养老、医疗、工伤、失业、生育五大保险，并要囊括社会保险费征缴、社会保险基金、社会保险经办、社会保险监督以及法律责任等重要内容，因而必然产生规定较为原则、操作性不足等问题。法律条文内容的相对简单容易产生法律适用的问题，我国的许多法律都需依靠"实施条例"或"实施细则"等进行细化才能够得以实施，《社会保险法》亦是如此。

四、社会保障制度的法律实施机制较为薄弱

法律实施是法律在社会生活中的具体运用和实现过程，包括法的遵守、法的执行、法的适用与法律监督等内容。"徒法不足以自行"，即使是制定优良的法律，也需要有良好的实施机制才能确保其实施。列宁指出："法律重要的不在于写在纸上，而在于由谁执行。"②沈家本说："法立而不行，与无法等，世未有无法之国而长安久治者也。"③我国社会保障制度除在立法方面存在不足之外，法律实施机制也相对较为薄弱。除社会保险法外，我国社会保障制度的立法层次

---

① 参见刘俊：《我国社会保障法律的构建及完善方式》，武汉科技大学硕士学位论文，2008 年，第 16 页。

② 《列宁全集》第 29 卷，人民出版社 1985 年版，第 110 页。

③ （清）沈家本撰，邓经元、骈宇骞点校：《历代刑法考》，中华书局 1985 年版，第 34 页。

较低，因而很少涉及社会保障的法律责任和法律制裁等问题，大量的政策性文件因不具有法律的强制性而难以对单位或个人产生有效约束力。

社会保险法虽然规定了法律实施机制，但亦存在一定问题。具体如下：

一是社会保险监督机制容易流于形式。《社会保险法》第十章“社会保险监督”中规定了社会保险的监督机制，构建了人大监督、社会保险行政部门监督、财政部门与审计部门监督、社会保险监督委员会监督以及组织和个人监督的立体监督体系，但这些监督由于监督主体的原因而较易流于形式。

二是法律责任追究机制不甚健全。《社会保险法》第十一章“法律责任”中规定了各种违反社会保险法的行为的法律责任。法律责任主要可区分为三种，即行政责任、民事责任与刑事责任。社会保险法规定了大量的行政责任，行政责任一般采取罚款或者行政处分的方式，对违法单位或个人的震慑力较小。对于一般性的社会保障违法行为，社会保险法未列明应承担的具体民事责任，而仅仅提供了权利救济的渠道，如行政复议、行政诉讼与调解、仲裁等。[①] 对于严重的社会保障违法犯罪行为，社会保险法未明确规定其罪名及刑罚，仅在第 94 条总括性规定构成犯罪的依法追究刑事责任。我国刑法亦没有专门针对社会保障领域犯罪行为的罪名，需要分别依据《刑法》第 384 条、92 条、397 条追究挪用社会保险基金、泄露个人信息以及国家机关工作人员滥用职权、玩忽职守、徇私舞弊等犯罪行为确定社会保险犯罪的罪名与刑罚，因而在法律适用与责任追究等方面存在一定难度。正是因为社会保障法律中普遍缺乏法律责任与制裁等条款，很难做到有法必依、执法必严与违法必究，造成了社会保障主体违法的随意性和违法后的不可制裁性，实践中导致社会保障管理机构随意侵犯被保障对象的权利、企事业单位等用人单位欠缴或拒付社会保障金、被保障人故意伪造材料和档案、非法挪用挤占社会保险金等违法犯罪行为不能及时得到惩处。

五、社会保障制度的碎片化现象较为严重

我国的社会保障制度建设以户籍身份为标准，身份的差异产生城市与农村

① 2010 年《社会保险法》第 83 条规定：“用人单位或者个人认为社会保险费征收机构的行为侵害自己的合法权益的，可以依法申请行政复议或提起行政诉讼。用人单位或者个人对社会保险经办机构不依法办理社会保险登记、核定社会保险费、支付社会保险待遇、办理社会保险转移接续手续或者侵害其他社会保险权益的行为，可以依法申请行政复议或者提起行政诉讼。个人与所在用人单位发生社会保险争议的，可以依法申请调解、仲裁，提起诉讼。用人单位侵害个人社会保险权益的，个人也可以要求社会保险行政部门或者社会保险费征收机构依法处理。”

分割、私人部门与公共部门对立的局面，导致社会保障制度的碎片化现象非常严重。以养老保险为例，养老保险最早实行于城镇国有企业职工，后来逐渐扩展至城镇有雇工的企业和个体工商户。现在则不仅有城镇职工基本养老保险制度、机关事业单位退休养老制度，各地还有形式各异的农村养老保险、计划生育夫妇养老保险、失地农民养老保险、村干部养老保险、老年津贴制度、农村五保户制度、优抚制度和城市孤寡老人福利制度等，而且各种养老保险制度之间缺乏必要的融通衔接渠道。新型城镇化建设需要大量农村居民转变为城镇居民，因此我国于近年来开始实行基本养老保险的城乡统一，旨在消除户籍身份对养老保险制度的影响。但这只是养老保险制度在最低层面的统一，城镇职工养老保险、农村居民养老保险与机关事业单位养老保险仍然分属不同的制度体系，甚至养老保险基金都是单独建账、独立运行。即使农村居民养老保险也被分割为被征地农民养老保险与进城务工农村居民养老保险等不同群体与种类，因而养老保险制度在形式上的统一不足以掩盖实质上的各自为政。养老保险制度的“碎片化”直接造成不同身份人群退休待遇的差别悬殊，造成中央财政持续加大支出，导致各地养老保险费率负担轻重不一，不仅不利于劳动力的自由流动与拉动内需的实际需要，还不利于城市与农村的融合以及社会的和谐稳定。

除养老保险制度存在严重的碎片化现象外，其他如医疗保险制度、工伤保险制度、失业保险制度、生育保险制度以及社会优抚与社会救助制度等同样存在城乡差异、行业差异、保障差异等问题。如失业保险制度涵盖范围虽然较广，但是 8 亿农民却被排除在失业保险之外；户籍身份的差异导致城市与农村享受国家提供的最低生活保障待遇的标准各不相同；各地经济社会发展的不平衡产生社会保障标准的差别；等等。

六、社会保障法律未明确最低社会保障水平

社会保障水平是指一定时期内，一国或地区社会成员享受的社会保障的高低程度，包括待遇水平、制度成熟水平、基金运作水平与管理水平等，社会保障水平直接反映社会保障资金的供求关系，间接反映社会保障体系的运行状况。社会保障水平是否适度，决定着社会保障制度能否健康运行，对于社会保障制度建设具有重要的意义。我国的社会保障法律并未明确提出应确定怎样的社会保障水平，也未规定国家应为公民提供的最低社会保障的水平，而仅在《社会

保险法》第3条中规定"社会保险水平应当与经济社会发展水平相适应"。社会保障实践中，一直存在政府对社会保障的财政投入偏低、养老保险的缴费率偏高而待遇偏低、社会保障基金投资运营水平较低以及社会保障管理混乱等问题。据了解，西欧、北欧等福利国家，财政的至少50%用于社会保障和福利的支出，美国财政的约30%用于社会保障事业，而我国财政投入社会保障的比重约为13%。与政府财政投入偏低形成对比的是，我国社会保障的人均缴费率为28%，而我国的养老金替代率却仅为42%。按照国际劳工组织《社会保障(最低标准)公约》规定，养老金的最低替代率为55%，世界上78%的国家的养老金替代率超过60%，我国的养老金替代率远远低于《社会保障最低标准公约》的要求。较低的政府投入、畸高的个人缴费率与畸低的养老金替代率，说明我国的社会保障制度更偏向于依赖个人保障，国家社会保障责任的体现相对不那么明显。

七、社会保障法律确定的社会保障管理部门较为混乱

按照我国现有法律规定，管理社会保障事务的机构包括人力资源与社会保障部门、民政部门、卫生部门和财政部门。人力资源与社会保障部门负责管理养老保险、失业保险、城镇职工医疗保险、工伤保险与生育保险等项目；民政部门负责管理社会救济、社会福利与优抚安置等项目；卫生部门负责管理农村合作医疗项目；财政部门则负责制定社会保障的财政政策和财务、会计制度，实施对社会保障资金收支的财政监督，为社会保障计划提供补助资金等。根据规定，社会保险的绝大部分项目皆由人力资源与社会保障部门主管，但涵盖8亿多农民的新型农村合作医疗保险作为社会保险的重要组成部分，却由卫生部门负责管理。这种一项工作多头领导、政出多门、各部门政策法规不统一和待遇标准不一致的部门分割管制的局面使本来应该统一的社会保障制度变得分散，不仅加重了管理的难度，而且容易形成和强化新的部门利益，并有可能激化各部门之间的矛盾，因而不利于我国社会保障制度的正常发展。

第二节　社会保障制度的发展趋势

我国传统城镇化过程中存在一些必须高度重视并着力解决的突出矛盾和问题，延续过去传统粗放的城镇化模式，会带来产业升级缓慢、资源环境恶化、

社会矛盾增多等风险，而城镇化发展本身也面临着外部挑战日益严峻、城镇化转型发展的内在要求更加紧迫等问题。在城镇化转型发展基础条件日趋成熟的基础上，国家提出了新型城镇化发展战略，我国进入了以提升质量为主的新型城镇化发展阶段。2014 年 3 月，国家发布《国家新型城镇化规划（2014～2020）》。新型城镇化的"新"体现在要由过去片面追求城市规模扩大、空间扩张等地理城镇化转变为提升城市文化、公共服务等内涵城镇化为中心，即新型城镇化是富有人性底蕴与人文内涵的城镇化。新型城镇化的核心仍然是农村人口转移到城镇，但已经不是简单地将农民搬上楼，而是强调尊重农民的意愿和选择；不仅保证上楼农民在社会保障、就业、教育、住房等方面享有与城镇居民同等的权利，而且保证仍然留在农村的居民能够公平分享我国经济社会发展的成果。新型城镇化是消除了城乡差别、城乡和谐发展的城镇化，因而对社会保障这一基础性制度提出了更高的要求。在新型城镇化建设中，社会保障的制度构建将更加合理，社会保障标准将大幅增加，社会保障制度的法治化水平也将逐渐提高。

一、社会保障制度的构建越来越合理，但将长期处于健全完善过程中

短短几年时间，我国就在制度空白的背景下建立了农村社会基本养老保险制度与新型农村合作医疗制度以及城镇居民基本养老保险制度与城镇居民基本医疗保险制度，且覆盖范围逐年扩大，保障标准逐年提高，城乡居民的基本养老与医疗需求得到制度上的保障，城乡居民公平分享改革发展成果成为新常态。随着城镇化与新型城镇化对城乡融合与和谐发展的新要求，城乡居民基本养老保险与基本医疗保险的制度并轨也得以提上日程。为解决机关事业单位养老保险、医疗保险与城镇企业职工等的制度不统一问题，我国先后进行机关事业单位的医疗保险改革与养老保险改革，机关事业单位与企业职工的养老保险与医疗保险实现制度上的并轨。为保障企业退休人员的养老待遇、提高生活水准，我国连续十一年调整企业退休人员基本养老金。我国确定将被征地农民、失地农民与进城务工农民等纳入城镇职工养老保险、医疗保险、工伤保险等的覆盖范围。农村与城镇居民养老与医疗保险从无到有、机关事业单位养老与医疗保险制度改革、被征地农民与进城务工农民养老与医疗保险城镇归属的确认，是社会保障制度的质的飞跃；企业退休人员养老保险待遇的大幅提高，是社会保障制度的量的变化。这些都说明国家越来越重视社会保障制度建设，并积

极担负起为国民提供社会保障的主体责任。从总体上看，我国的社会保障制度建设已经取得巨大成绩，制度分立隔阂的局面正在逐渐改变，制度构建越来越合理。

由于我国地广人多，城乡发展与地域发展不平衡，加之社会保障制度建设的时间相对较短，因而不可避免地存在各种各样问题，如社会保障制度仍然存在明显的城乡差异、地域差异与职业差异，企业退休人员与机关事业单位的养老保险与医疗保险待遇仍然存在较大差距，城乡居民的养老保险与医疗保险保障标准偏低，社会保障制度的碎片化现象仍然较为严重，社会保障基金的监督管理与保值增值仍然存在一定困难，社会保障主要依据政策文件而非法律法规进行制度建设……社会保障制度基础层面的建制扩面工作已经基本完成，但社会保障制度内部存在的诸多问题仍然需要较长时间才能解决。也就是说，我国社会保障制度建设取得了巨大成绩，并确立了逐步提高发展水平、公民公平分享改革发展成果的正确发展方向。但是现实国情与社会保障本身的复杂性，决定了社会保障制度建设不可能毕其功于一役，而是将长期处于健全完善的过程之中。

二、社会保障制度的法治化水平越来越高

法律以公开的、稳定的、可知的条文形式规范不同的权利义务关系，任何单位或个人都可以通过法律条文明确自身的权利与义务。法律具有保护人权、维护公平正义与稳定社会秩序的多重价值。社会保障制度是现代社会保护人权与实现公平正义的重要制度，具有调节经济发展与维护社会稳定的重要作用。社会保障制度的法治化，既能体现国家对社会保障制度的重视，明确国家、单位与个人对社会保障制度建设的不同权利、责任与义务，又使社会保障制度能够借助国家强制力推进与发展，实现更好地保护人权与促进稳定的作用。因此，社会保障制度法治化是世界各国建立社会保障制度的通行做法，立法先行是其他国家社会保障制度成功建立的主要原因之一。

我国的特殊国情决定了社会保障只能以具有灵活性与短期性的政策作为制度建设的起始依据，社会保障制度的法治化程度较低。在社会保障制度已经取得显著成效基础上，我国进行的社会保障制度改革进入总体设计、整体推进的关键时期，原有分散零乱、规定不一的政策依据已经不能适应社会保障制度改革的需要，全国统一、规范有效的社会保障法律制度成为社会保障制度建设

的基本要求与根本依据。2010年，我国公布了《社会保险法》。该法首次以国家法律的形式对我国的养老、医疗、工伤、失业与生育保险等作出基本规定，是我国社会保障领域的首部法律。社会保险法的制定实施标志着我国社会保障制度开始由政策依据向法律依据转换，我国社会保障制度建设开始进入法治轨道。同样是因为特殊国情，我国迄今只制定了《社会保险法》，社会救助、社会优抚与社会福利等领域仍然沿用原有的政策或法规依据，法律层面尚未制定统一的规范。社会保险法也只对养老、医疗、工伤、失业与生育保险等作了基本而非详尽的规定，社会保险法需要行政法规、部门法规与政策的配套才能得以落实。因此，总体来看，我国社会保障制度还处于法治化的初始阶段，距离法治的实现还有较大差距。

依法治国已经成为我国治国理政的基本方略，社会保障领域对法治化的需求也越来越急迫。随着国家经济实力的增强与社会保障理念的变化，随着立法技术与立法水平的提高，随着国民法治意识的提高，在前期制度整合颇具实效基础上，社会保障领域需要对当前各项制度进行整合提升，合理确定立法原则与规范内容，早日制定社会救助、社会优抚与社会福利等领域的法律，完善社会保险法律制度，减少对政策与法规规章的依赖，建立起符合我国国情的社会保障法律制度体系。总之，我国社会保障制度的法治化水平将会越来越高。

三、社会保障水平越来越高，保障水平将逐渐与我国的经济发展水平相适应

我国社会保障制度建设起步相对较晚，受经济、政治、社会与文化等方面因素的影响，社会保障水平整体偏低，且各地社会保障水平相差较大。有研究结果表明，我国有20个省区市(未含西藏、香港、澳门、台湾)的社会保障水平低于平均水平，并且各省区市之间社会保障水平差距很大，而且这种差距表现出了明显的区域特点，即东部沿海经济发达地区社会保障水平高于中部地区，中部地区高于西部地区。社会保障发展水平在东部、中部和西部的省际之间也不平衡。[①] 实际上，我国社会保障支出规模的增长速度是比较快的。2001～2010年十年间，我国社会保障总支出由2001年的4735.4亿元增长到2010年的14815.5亿元，增长了4.05倍。政府财政也对社会保障给予了长期而稳定的资金支持。2001～2010年十年间，我国财政社会保障支出占财政支出的比重一般

---

① 参见陈永芳:《我国社会保障水平评价与实证研究》，载《管理观察》2011年第20期。

维持在10%～11%之间。我国社会保障增长实际上已经超越了经济发展速度，社会保障水平发展系数除了2002年和2004年外，其他各年份均大于1，说明这期间我国社会保障增长超越了经济增长，其中以2003年和2009年最为严重，达到了2.69和2.22。[①] 政府连年投入大量资金，健全完善城镇与农村社会保障制度，养老、医疗、工伤、失业、生育保险与社会救助、社会优抚等的保障水平都有所提高。尤其是城镇企业职工养老金连续十余年以年均10%的速度增长，城镇居民与农村居民基本养老保险与基本医疗保险的标准也连年攀升。我国社会保障的水平从零起步，从无到有，从有向更好的方向发展，逐步提高水平的社会保障制度切实保障了国民的基本生活。

社会保障制度是国民财富再分配的重要手段，是资源配置的重要方式，因而与经济发展水平之间存在密切的关系。经济发展水平决定了社会保障的水平，而社会保障的水平则反作用于经济发展水平。一般而言，经济发展得好的国家投向社会保障的财政支出相对较多，因而社会保障水平较高；而经济发展得不太好的国家受财力所限，投向社会保障的财政支出相对有限，社会保障水平也就相对较低。社会保障水平的高低关系到居民的生活水平与劳动力的再生产，进而影响到经济的发展，因而对经济发展具有反作用。随着我国经济实力的增强与社会保障法律制度的完善，我国的社会保障水平越来越高，反过来，社会保障水平的提高又进一步推动了经济的发展。与此同时，我们也要警惕高福利国家的"福利病"困扰。德国、法国、瑞士等高福利国家社会保障支出占国家财政收入比例过高，导致国家对其他行业的投入严重不足，而过高水平的社会保障制度已经影响到在职人员的劳动积极性，这些国家的经济发展受到投入不足与劳动力不足的双重限制。这说明社会保障水平并非越高越好，而是必须与国家的经济发展水平相适应；社会保障水平必须维持一个合理的度，才能起到既保障国民基本生活又鼓励劳动者积极劳动的作用。

我国的经济基础还相对薄弱，2014年，我国的GDP总量虽是世界第二，人均GDP约为7485美元(约合人民币46531元)，但人均GDP的世界排名在90名左右，我国仍然是一个发展中国家，经济对社会保障的财政扶持力度仍然受到较多限制。与此同时，我国又是人口严重老龄化的国家。2010年，我国60岁及以上老年人约为1.78亿，老龄化水平达13.32%；2020年将达到2.48亿，老

① 参见凌云莉:《我国社会保障现实水平分析》,载《现代经济信息》2014年第6期。

龄化水平为 17.17%;2050 年老年人口总量将超过 4 亿,老龄化水平达到 30% 以上。严峻的人口老龄化问题给社会保障事业的持续健康发展带来较大挑战。在这样的国情下,追求过高的社会保障水平不仅会影响经济健康发展,而且还有可能产生社会不稳定因素,因此我国社会保障水平更应与经济发展水平相适应。也正是从这个意义上,有人指出,社会保障和经济发展之间能否保持良性的互动将是社会保障改革的目的所在。

第八章

社会保障法律制度的立法模式与立法原则

社会保障法律制度，指国家立法机关通过法律、法规、规章等形式肯定、明确、规范社会保障行为规则的总和。社会保障法律制度是由一定数量的法律、法规、命令等构成的多层次的法制系统，既包括宪法等确立社会保障基本原则的国家大法，又包括各项社会保障专门法律；既包括国家层面的社会保障法律法规，又包括地方层面的社会保障法规规章。

社会保障权是一项基本人权，法律是保障基本人权的最有效方法。我国社会保障制度已经运行多年，各项社会保障制度已经取得较大成绩。制度在运行过程中存在的主要问题也逐渐明晰，通过立法途径解决社会保障问题的思路已经形成，且立法条件与内容已经较为成熟。首先，社会保障立法的条件较好。我国已经建成有中国特色的社会主义法律体系，立法技术与立法水平都大大提高，为社会保障立法的顺利进行提供了条件。其次，社会保障立法的基础较好。我国原有社会保障法规规章与政策文件为社会保障制度的健全完善做出了巨大的贡献，新的立法并非完全另起炉灶，而是在原有法规规章与政策文件基础上进行总结、规范与提升，因而社会保障法律的立法基础较好。最后，社会保障立法具有急迫性。我国经历过城镇化与新型城镇化建设过程，新型城镇化建设迫切需要通过社会保障立法解除城乡和谐发展的后顾之忧。

社会保障立法首先需要解决两大问题：一是社会保障的立法模式，二是社会保障的立法原则。

第一节 社会保障制度的立法模式

我国社会保障法律制度包括社会保险法律制度、社会救助法律制度、社会优抚法律制度与社会福利法律制度四大部分。

一般而言,社会保障立法模式指社会保障立法体例采取单一立法模式还是分散立法模式,即社会保障领域是制定一部统一的社会保障基本法,还是分别制定社会保险法、社会救助法、社会优抚法与社会福利法。但有研究者指出,社会保障立法模式是社会保障立法价值模式、形式模式、制度模式和体系模式等的总和,因而不能简单地把社会保障立法模式理解成是制定一部单一的社会保障法法典或是制定一些分散式的社会保障法律。[①] 按照该研究者的观点,以社会保障立法模式的形式体例为标准可划分出三种类型:单一的社会保障立法模式、树形的社会保障立法模式和平形行式社会保障立法模式;以社会保障立法主体责任的不同为标准可划分出四种类型:福利型立法模式、保障型立法模式、国家型立法模式和储蓄型立法模式;以社会保障立法所保障范围的不同为标准可划分出三种类型:普遍保障模式、就业保障模式和救助型保障模式。按照不同标准对社会保障立法模式进行分类研究,有助于推动社会保障法律制度向更加完善的方向发展。

一、社会保障立法形式体例划分标准

按照社会保障立法形式体例的不同,郑功成教授把世界各国的社会保障立法模式概括为单一立法模式、母子立法模式、平行立法模式、专门立法与混合立法并行等四种不同模式。[②]

(一)单一立法模式

单一立法模式是指国家立法机关制定一部综合性社会保障法律,由这一部法律规范各种主要社会保障事务。一般认为,单一立法模式的典型国家是美国。美国国会 1935 年通过了《社会保障法》,该法以老年保险、失业保障和未成年人保障为核心内容,是美国社会保障制度建设的基本依据。

① 参见王宇:《社会保障立法模式研究》,黑龙江大学法学硕士学位论文,2005 年,第 9 页。

② 具体内容参见郑功成《社会保障学》(商务印书馆 2000 年版)一书。

（二）母子立法模式

母子立法模式又可称为“树形立法模式”，指国家制定一部社会保障基本法或社会保障法典，作为社会保障法律体系的最高原则规范，在此基础上再制定各项专门社会保障法律分别规范相关社会保障事务。一般认为，德国是这种模式的典型代表。德国社会保障立法以 1975 年《社会法典》为基本法，以社会保险立法为主干，以其他社会救助法和社会济贫法为分支，形成了种类丰富、体系完备、法律健全、运行良好的社会保障法律制度。

（三）平行立法模式

平行立法模式指社会保障法律体系中的各社会保障项目，由国家根据需要同时制定的相互平行、相互协调的多部社会保障法律构成。平行立法模式与树形立法模式有相似之处，即各个子系统之间互相平等，不同之处在于平行立法模式以宪法而非社会保障法为多部社会保障法律的根本法。日本是这种立法模式的典型代表。日本社会保障制度由多部平等的社会保障法律如《社会保险法》《社会福利法》《社会救助法》等构成。

（四）专门立法与混合立法并行模式

专门立法与混合立法并行模式是指国家既颁布部分社会保障方面的专门法律法规，同时将另一些社会保障项目纳入其他部门法体系进行规范。就现状而言，我国社会保障立法就是采用这种模式，国家既制定了《社会保险法》等专门法律，又在《劳动合同法》《老年人权益保障法》等其他法律中规定了部分社会保障制度。有学者指出：“此种模式既不利于社会保障立法的整体、系统、协调地发展，也破坏了社会保障法作为独立部门法的发展格局。”[①]但由于社会保障制度具有复杂性与多变性，许多国家的社会保障立法并非单纯地采用某一种模式，而是采用了专门立法与混合立法并行的模式。比如，德国建立公务员养老保险制度的法律依据是《官员供养法》，日本在它的《国家公务员法》中也分别规范了公务员的伤残保障与退休年金保障等事务，法国在 1964 年颁布了专门的《公务员及军人退休金法》，将公务员与军人的养老保险用同一部法律规范。[②]

郑功成教授认为，我国社会保障立法适宜采用平行立法模式，并设计中国

---

① 李书敏：《浅议我国社会保障立法模式选择》，载《商丘职业技术学院学报》2008 年第 4 期。

② 参见杨燕绥：《劳动与社会保障立法国际化比较研究》，中国劳动社会保障出版社 2001 年版，第 59 页。

社会保障法制体系的基本结构为：在《中华人民共和国宪法》之下分别制定社会保险法、社会救助法、社会福利法、国民保健法、军人保健法及其他专门法等平行法律部门，另外还包括社会保障相关法。另有学者认为，由于我国社会保险、社会救助、社会福利和慈善事业等之间在筹资模式、管理机制、运行过程等诸方面都存在着相当大的差别，完全纳入一部统一的社会保障法不现实，因而建议我国社会保障法制体系的基本结构应该进一步精炼为在《中华人民共和国宪法》之下分别制定社会保险法、社会救助法、社会福利法、慈善事业促进法及其他社会保障相关法。[①]

新型城镇化建设要求加快社会保障立法，并对社会保障立法体系架构提出了新的要求。与混合立法模式相比，平行立法模式更有助于实现社会保障制度体系的规范化与法治化，更符合我国社会保障制度发展的实际需求。我国宪法已对社会保障权作了原则性极强的概括性规定，制定出台了《社会保险法》，应在现有社会保障法律制度建设成果基础上，按照平行立法模式的总体框架，抓紧制定社会救助法、社会优抚法与社会福利法等法律，尽快架构起完整的社会保障法律制度框架。如果平行立法模式不能完全适应社会保障法律制度建设的需要，则可先用平行立法模式架构起社会保障法律制度的主体框架，保证社会保障法律体系的独立性与完整性；再辅之以必要的混合立法模式，在其他法律法规中充实社会保障制度的某些内容。

二、社会保障立法主体责任划分标准

按照社会保障立法中规定的主体责任的不同为标准，社会保障立法模式可分为福利型立法模式、保障型立法模式、国家型立法模式和储蓄型立法模式四种。

（一）福利型立法模式

福利型立法模式指政府是法律规定的承担社会保障责任的唯一主体，全国实行统一的缴费标准和保障标准，由国家税收负责社会保障支出，实行贝弗里奇报告中所说的“收入均等化、就业充分化、福利普遍化、福利设施体系化”。英国和瑞典是福利型立法模式的代表，这些国家为国民建立了“从摇篮到坟墓”的社会保障法律制度，高水平的社会保障标准解除了国民“生、老、病、死”的后顾

① 参见岳宗福：《论我国不宜出台社会保障“根本大法”》，载《山东工商学院学报》2008年第4期。

之忧。

福利型立法模式的优势在于覆盖范围广，政府责任明确，国民可以预期高水平的社会保障待遇；弊端在于完全忽略了个人在社会保障的作用，导致个人过度依赖国家社会保障，同时国家承担了过重的社会保障责任，给国家财政造成巨大压力，并有可能影响经济发展。

（二）保障型立法模式

保障型立法模式指政府、企业和个人都是社会保障的责任主体，三方在社会保险、社会救济与社会福利等制度中分别承担不同的出资缴费责任，并由政府为劳动者提供相对较低水平的社会保障。德国和美国是保障型立法模式的代表。

与福利型立法模式相比，采取保障型立法模式的国家强调企业、个人权利和义务的统一，只有履行了一定的缴费义务，才能享受国家提供的社会保障待遇；政府责任相对较小，政府只为履行了一定缴费义务并满足一定条件的个人提供社会保障待遇，而且保障水平较低。这种模式注重调动政府、企业和个人三方的积极性，避免了政府责任过重的问题，较好地实现了公平与效率的兼顾。

（三）国家型立法模式

国家型立法模式是指国家承担社会保障的全部责任，个人不缴纳任何社会保障费用。国家型立法模式与福利型立法模式非常相似，即都由国家承担全部社会保障责任，其主要的区别是这种立法模式是由社会主义国家创设的，它始于前苏联，后来被很多社会主义国家采用。前苏联和我国改革前的社会保障法律制度就属于国家型立法模式。[①] 实践证明，这种立法模式使得国家承担了过重的社会保障责任，社会保障调节收入分配与促进经济发展的功能在这种模式下都无从体现。

（四）储蓄型立法模式

储蓄型立法模式是指国家通过法律强制雇主和雇员缴纳收入的一部分作为社会保障基金，这部分基金全部纳入个人账户，实行完全的个人账户积累模式，并按照个人账户基金总额确定劳动者的各项社会保障待遇。这种模式下政府只承担管理监督职责而不承担任何出资责任，雇主与雇员对社会保障承担全

① 参见王宇：《社会保障立法模式研究》，黑龙江大学法学硕士学位论文，2005 年，第 25 页。

部的出资责任，并且个人账户基金总额直接决定着个人的社会保障待遇水平。储蓄型立法模式其实是政府强制下的个人储蓄型社会保障模式，这种模式不体现社会保障的共济互助功能，但是确立了个人为个人社会保障负责的理念，能够调动个人积极参加劳动。新加坡实行的以中央公积金制为主体的社会保障制度就是储蓄型立法模式的典型代表。

我国最早实行的是国家型立法模式，国家是社会保障制度的唯一责任主体，个人不承担任何缴费责任，但当时国家只为部分国民（企业、事业、机关单位职工）而非全部国民提供社会保障。后来，我国开始实行企业职工养老金社会统筹办法，由国家、企业和个人共同承担社会保障基金的筹集，全部缴费纳入社会统筹账户，参加统筹的企业采取“以支定收、现收现付”的办法确定职工的社会保障待遇。现在，我国采取保障型立法模式，即由国家、企业与个人共同承担社会保障基金的筹资责任。社会保障基金实行社会统筹与个人账户相结合的方式，即国家对社会保障的财政投入以及企业缴费部分都进入社会统筹账户，国家对个人财政补贴部分及个人缴费则全部进入个人账户。社会养老基金包括基础养老金与个人养老金两部分，基础养老金由国家按照“以收定支、现收现付”原则确定，个人养老金则根据个人账户余额确定。国家、企业和个人按照法律规定的比例承担社会保障出资责任的福利型国家立法模式以及社会统筹与个人账户相结合的社会保障基金筹集模式，既能够较好地解决历史遗留问题，又能够充分调动国家、企业与个人三方的积极性，是比较符合我国现实国情的选择。

三、社会保障立法保障范围划分标准

按照社会保障立法规定的保障范围的不同，社会保障立法模式可分为普遍保障模式、就业保障模式和救助型保障模式。

（一）普遍保障模式

普遍保障模式是指社会保障立法规定国家为全部国民提供社会保障，社会保障经费来自于政府拨款或征税。西欧、北欧等国家即采用普遍保障模式。

（二）就业保障模式

就业保障模式是指社会保障立法规定国家主要为就业人员而非全体国民提供社会保障，并进而扩展到就业人员的家庭成员，社会保障经费主要来自雇主与雇员的缴费。美国、德国等国家即为就业保障模式。

(三)救助型保障模式

救助型保障模式是指社会保障立法规定国家主要为低于一定生活水平的贫困国民提供社会保障,其经费来源于国家财政。

就我国社会保障而言,顺应社会保障实践的需求,立法模式较为复杂:既有为城乡所有老年人提供基本养老保险的普遍保障立法模式,也有主要面向就业人员的就业保障模式,如城镇企业职工养老保险、医疗保险、工伤保险与失业保险立法等,也有以低于一定生活水平的贫困国民为保障对象的救助型保障模式,如最低生活保障立法等。国家对不同群体在不同的层面实行不同的立法模式,使得我国的社会保障立法体系更加合理。

第二节　社会保障制度立法的基本原则①

社会保障制度立法的基本原则关系到社会保障制度立法体系的架构、立法内容的确定与社会保障制度未来的价值选择与发展方向。当前,我国正处在社会保障制度改革与体系重构的过程之中,各项社会保障制度的覆盖范围、保障水平、资金来源、投资渠道等重要内容均发生了较大变化。随着社会保障制度立法的呼声越来越高,社会保障制度立法确立怎样的基本原则成为理论界与实务界必须认真考虑的问题。借鉴国外社会保障制度立法原则的得失,基于我国社会保障制度建设的现实条件与基本国情,我国应以公平、效率、安全、协调等作为社会保障制度的基本立法原则。

一、公平原则

社会保障制度的产生最早源于人类在物质分配方面对公平公正的实际需求,即每个人都有从国家和社会获得满足其最低生存和生活条件所需的物质资料的权利。当个人不能以一己之力实现生存权与生活权时,国家必须通过社会保障制度满足个人权利,以保持最低层面的公平。人人都享有基本的生存权,人人都享有体面的生活权,这是国家健康发展的前提条件,是社会文明进步的必然要求。因此,公平原则是社会保障制度立法的首要原则。

---

① 本部分内容主要参考刘诚的《当前我国社会保障立法应遵循的几个原则》(法律快车劳动法网:http://www.lawtime.cn/info/laodong/laodonglifa/2010110572126.html)。

我国的社会保障基金体系分为按照权利义务对等原则建立的社会保险基金与以国家财政投入为主建立的社会保证基金两大部分。社会保障基金通过对原有收入分配格局进行“再分配”，调整个人、企业、地区之间的收入差别，使部分低收入居民增加收入，保障低收入居民的生存与生活权利，促进社会公平。新的历史条件下，社会保障立法的公平原则具有了新的时代内涵，新型城镇化要求城乡社会保障制度的公平、地区社会保障制度的公平、不同群体社会保障制度的公平，因而社会保障立法之初就要坚决落实新型城镇化对公平原则的需求，在社会保障制度设计之初就实现公平公正，为新型城镇化建设奠定制度基础。

需要注意的是，社会保障立法的公平性原则不等同于“平均主义”或“大锅饭”。“平均主义”或“大锅饭”不看家庭状况好坏与劳动贡献大小，片面追求结果的绝对“平均”，完全牺牲起点的公平与过程的公平，实际上不利于鼓励劳动，不利于促进社会进步。英国工党政府在建立福利国家时，实施了贝弗里奇报告中的“普遍性”原则，规定所有英国人凡生病、生育子女、年老以及遭遇各种意外事故时都可享受福利待遇，而不问原来收入多少、收入状况如何。但社会各阶层的收入差距很大，社会的平均分享，结果使收入多、不需要享受福利的人享受了福利，收入低、生活困难或者因失业而无生活来源者得到的福利却十分有限。社会保障基金则需要满足一定条件才能享受，如社会保险基金仅付给缴纳社会保险费并满足一定条件的劳动者，社会保障基金也仅以满足给付条件的公民为给付对象。社会保障基金强调过程“公平”，要求权利与义务对等，既有利于鼓励劳动者积极参保，又可防止“养懒汉”现象的发生，因而有助于公平的真正实现。

另外，社会保障立法的公平性原则要求社会保障基金的征收税率不宜过高。高税率会损害原来具有积极意义的公平，进而形成新的平均主义。过高的税率会加重企业和劳动者个人的负担，影响企业和个人的参保积极性与劳动积极性，从长远看不利于社会保障制度的健康发展。同时，过高的税率所产生的高福利使得不参加劳动者也有可能享受到高标准的社会保障待遇，实际上促成了“懒汉”现象的发生。确定合适的社会保障税率，对于发挥社会保障调整收入分配、促进社会公平的功能具有重要的意义。

相较于我国较低水平的社会保障待遇而言，我国的社会保障税率相对偏高，在一定程度上抑制了企业和个人的参保积极性，社会保障的公平性原则亦受到质疑。新型城镇化建设改变了以往的社会结构与生活秩序,更加要求社会保障立法遵循公平性原则。我国应积极应对历史欠账,加大政府财政投入,降低社会保障税率,提高社会保障待遇,充分发挥社会保障调节收入与促进公平的功能。

二、效率原则

效率原则是指社会保障法律制度改革必须注重实效,保证提高效率。社会保障法律制度的产生最早源于对社会公平的需要与追求,因而各国在进行社会保障立法时都片面追求公平而较为忽略效率原则,实践中效率低下成为各国社会保障法律制度存在的主要问题之一,因而新的社会保障立法需要确立效率原则。

总体上看,我国社会保障法律制度没有很好地贯彻效率原则,主要表现在:首先,我国向来有重政策轻法律的传统,在法律明显不足而政策占主导地位的社会保障领域,法律的规范作用难以有很好的体现。其次,我国社会保障法律制度体系存在的冲突矛盾更加导致社会保障法律难以地较好发挥作用。再次,社会保障类纠纷司法救济渠道的相对缺失使得社会保障法律很难有效实施。我国在新的社会保障立法时必须注意效率原则的重要性,通过提高社会保障法律制度的效率促进经济效益与社会效率的提高。

有效的社会保障法律制度能够产生直接的经济效益,主要在于如果社会保障基金的运用合理科学,就可以促进经济增长,缓解经济波动造成的危害。有效的社会保障法律制度还对社会效率具有促进作用,主要表现在以下几个方面:一是社会保障可以为经济发展创造良好的社会环境;二是社会保障可以免除社会成员的后顾之忧,调动其生产积极性;三是社会保障可以保证社会再生产所需劳动力的供给;四是社会保障可以促进劳动力市场的完善,促进劳动力的合理流动,有利于劳动资源的有效配置。

效率原则要求:一是提高社会保障法律制度本身的效率,即提高既定社会保障资源的利用效果,在现有社会保障资源不变的情况下实现较高的社会保障水平;二是社会保障制度与市场制度分工明确,即限制社会保障法的调整范围,避免进入市场法的调整范围而破坏市场机制发挥作用,从而降低经济效益;三是社会保障制度维持适当的社会保障水平从而保持合理的收入差距,即限制对劳动力市场价格的过度干预和过多的再分配,避免平均分配而挫伤劳动者的积极性从而降低经济效益。

社会保障制度效率原则的确立，需要合理的制度设计来实现：

1. 社会保障费率要合理。社会保障费率要根据单位和个人的承受能力以及经济社会水平而定，既不应过高，也不应过低。

2. 社会保障给付标准要适当。社会保障给付标准的制定要依据人们的需要和经济社会发展水平，标准要适当。

3. 社会保障基金的管理与运营要完善。要完善法律和监督机制，加强社会保障管理及运营的规范，减少主观随意和违规行为，不断提高基金投资技能，最大程度地取得投资效益。

4. 要坚持缴费义务与受益权利相联系的原则。

三、安全原则

安全原则是指社会保障制度必须保证被保障人待遇的安全性、稳定性与长期性。安全是社会保障制度长期健康运行的前提条件，没有安全就不可能有社会保障制度的长远发展。安全原则包括两方面内容：一是被保障人能够合理期待并在满足条件时确实得到社会保障制度所提供的保障，并且这种保障具有长期性；二是社会保障基金的来源稳定，运营无风险。社会保障基金是保证被保障人享受保障待遇的资金基础，关系到被保障人的基本生存与生活条件，因此必须具有稳定可靠的资金来源，投资运营必须贯彻无风险原则。社会保障制度立法的安全性原则依靠法律严格而明确的规定来落实。

四、协调原则

协调原则是指社会保障法律制度必须与经济发展水平及其他法律制度等相协调。社会保障制度是经济社会发展的产物，不可能脱离经济基础而独立存在，超前或滞后于经济发展水平的社会保障法律制度无法发挥其促进经济发展、维护社会稳定、促进社会和谐的作用。与经济发展水平相适应已经是各国社会保障立法的共同经验总结。法律制度之间如果存在冲突或矛盾，将会产生法律适用与实施的困难，因此社会保障法律制度与其他法律制度必须保持协调，包括与我国民事、刑事、行政等法律制度的协调以及与国际社会保障立法的协调。

第九章

新型城镇化、社会保障与家庭保障

第一节　新型城镇化对社会保障与家庭保障的挑战

随着新型城镇化建设与社会发展进步，城乡居民对社会保障的需求越来越高，政府则积极承担起健全完善社会保障制度的责任。短短数年之中，我国社会保障制度发生了翻天覆地的巨大变化，覆盖城乡 13 亿居民的基本养老保险与基本医疗保险体系已基本建成，“老有所养、老有所医”正在成为现实。同时，我国正处于各项社会保障制度的整合与优化过程之中，社会保障制度的城乡统一与公平有效指日可待。

新型城镇化建设吸引了大量农村居民流动到城市，即使目前因户籍原因大量农村居民尚未真正成为城市的一分子，但在家庭结构小型化以及老龄人口快速增加的双重叠加效应下，新型城镇化建设对家庭结构尤其是农村家庭结构的影响已经初步显现。城镇虽然因农村流动人口的涌入而仍然充满生机活力，但城镇中独居和空巢老人的数量正在不断增加；农村的青壮年劳动人口大都流入城镇，农村老人独居或空巢现象相对更加严重。据来自全国老龄办的数据，2000～2010 年，城镇空巢老人比例由 42％上升到 54％，农村由 37.9％上升到 45.6％。随着社会的发展，全国城镇老年人家庭的空巢庭已经达到 54％，并呈现出快速增长的趋势。到 2050 年，65 岁以上独居、空巢老人的数量将由目前的 5000 万增加到近 2 亿。

虽然社会保障已经能够基本满足国民的生存与生活需求，但当前我国正有越来越多的城乡独居或空巢老人缺少衣食住行照顾，缺乏精神慰藉，独居或空巢老人死后较长时间才被发现的新闻屡见报端，而独居或空巢老人自杀的消息已时有所闻。人伦悲剧的频繁发生在令国人扼腕叹息的同时促使国人不得不思考许多问题：如果我们仅仅致力于建立健全完善的社会保障制度，是否真的能够解决"老有所养、老有所医"以及"老有所乐"的问题？如果不断完善的社会保障制度确实能够解决生老病养等问题，为什么会有越来越多的独居或空巢老人会感到生活无望甚至悲惨离世？在已经逐渐满足物质需求的基础上，社会保障制度的短板在哪里？又应该往哪个方向继续发展？我国数量庞大的老年人究竟需要怎样的养老方式才能真正"安度晚年"？

家庭保障是指家庭内部、家庭成员之间相互提供包括经济保障、服务保障和精神慰藉等内容在内的生活保障机制。不同于社会保障的是，家庭保障注重家庭成员之间的互相照顾与帮助，强调对家庭成员的精神慰藉。家庭保障与社会保障相结合，可为国民提供幸福安康的美满人生。家庭保障功能的相对弱化导致社会保障需求的急剧高涨，我国目前正处于社会保障不断健全而家庭保障不断式微的历史时期，社会保障的健全不足以弥补家庭保障缺失的短板，这是因为家庭保障具有社会保障所不具备的独特作用与功能。

事实上，从古希腊哲学家柏拉图的"理想国"开始就不断有人在构想一个没有家庭的社会。但正如社会学家古德所说："在所有已知的人类社会之中，几乎每个人都卷入了家庭权利和义务的网络之中……家庭机构不像军队、教会或国家那样强大，但它却是最难征服的，也是最难改造的。任何一个具体的家庭可能是脆弱而不稳定的，但家庭制度就其整体而论，却是坚不可摧、富有活力的。"[①]西方国家对家庭的"回归"再次证明：家庭作为人类社会的一种文化现象，作为文明社会的细胞，作为一个基本的生活保障单位，它的许多功能在短期内是无法替代的。

不可否认，社会保障在我国基本属于新生事物。虽然我国古代统治者出于促进"国家安定、百姓乐业"的目的都自愿或不自愿地实施社会保障制度，但彼时之社会保障制度系或由政府为遭遇自然灾害或其他困难的社会弱势群体提供最低生活保障，或由佛教寺院举办各种慈善事业救助贫弱危病者，或由家庭祭田、族田、婚田、义庄、义田、义塾等对族内成员予以救济，主要包括弃婴养育、助学济困、贫病救治、养老善终、理丧恤葬与失业救济等内容。[②] 由此可知，我国

① [美]威廉·J·古德：《家庭》，魏章玲译，社会科学文献出版社1986年版，第1～2页。

② 参见龚汝富：《浅议中国古代社会保障体系》，载2001年12月4日《光明日报》。

古代社会保障仅大致相当于现代社会保障中的社会救济制度。古代社会是宗法家庭社会，家族是维护封建统治的稳固主体，因而古代并不存在由政府为全体国民普遍提供的基本养老、医疗保障。养老、医疗等问题皆由家族内部予以解决。也就是说，家庭是我国古代养老和医疗的几乎唯一保障主体，我国有着悠久的家庭保障的历史传统。

悠久历史传统对现代人的影响就是，更多的老人仍然希望“养儿防老”，即通过家庭获得儿女的物质和精神照顾，并满足自身的养老和医疗需求。正因如此，老人仍然延续着传统观念，在精神与物质两方面都对儿女毫无保留地无私奉献，希冀在其步入老年时能够获得儿女的同等回馈。但是计划生育政策导致的家庭小型化，使得家庭的养老功能越来越弱化，独生子女在获得父母全部的物质和精神照顾的同时却难以承担起养老的重任。家庭养老需要政府的政策和法律支持。

我国政府长期以来忽视对家庭养老的宣传与政策和法律支持。在政策支持方面，除独生子女家庭奖励政策外，家庭养老方面的支持政策几乎是空白。法律支持方面，虽然我国新修订的《老年人权益保障法》(2013 年)以专章规定家庭赡养问题，如“老年人养老以居家为基础”“赡养人应当履行对老年人经济上供养、生活上照料和精神上慰藉的义务”“家庭成员应当关心老年人的精神需求”“用人单位应当按照有关规定保障赡养人探亲休假的权利”“国家建立健全家庭养老支持政策，鼓励家庭成员与老年人共同生活或者就近居住，为老年人随配偶或者赡养人迁徙提供条件，为家庭成员照料老年人提供帮助”，并规定了老年人赡养纠纷的解决渠道与法律责任，宪法、刑法、婚姻法、继承法和社会保险法等法律中也都有关于老年人权益的规定，但关于老年人保障问题的立法总体上存在分散不统一、效力等级不高、权威性不足、追究法律责任困难等实际问题，难以有效地保障老年人的权益。

家庭小型化产生了家庭养老的实际困难，家庭养老支持政策与法律的空白加重了家庭养老的困境。尽管大多数老年人衣食基本无虞，但是家庭照顾的缺失却使其幸福安度晚年变得不可能。尽管我国正在大力推行机构养老模式，机构养老将会成为更多老年人自觉自愿的选择，但是与数量庞大的老年人口群体相比，机构养老不过杯水车薪。据统计，2012 年底，我国 60 岁及以上老年人口已达到 1.94 亿，但我国各级养老机构的床位仅有 410 多万个，平均近 50 个老人仅占有一张床位。也就是说，我国仍然有超过 90%的老年人需要居家养老，家庭养老以前是、现在是、以后也将是我国养老的主要方式。

世界卫生组织指出："家庭照顾是最经济的选择，而且更能满足感情上的需要。"《维也纳老龄问题国际行动计划》(1982 年)与《联合国老年人原则》(1991 年)也都提出，老年人应尽可能在家里居住，老年人应该得到家庭给予的照顾和保护。即使在无家庭养老传统的英、美等发达国家，近年来也在注重机构养老的同时越来越重视居家养老，并制定了一系列支持家庭养老的免税政策、津贴政策和弹性就业政策。因此，我们在不断健全完善社会保障制度的同时，必须明确社会保障不能代替家庭保障，更不能成为削弱家庭保障的理由。我们必须贯彻"家庭养老为核心，社会养老为补充"的养老保障理念，充分吸收借鉴我国古代家庭养老与国外家庭保障制度的经验与优势，结合时代特点，通过政策和法律加强对家庭保障的舆论和制度支持，满足老年人的物质照顾与精神照顾的双重需求，并通过社会保障与家庭保障两个支柱为亿万老年人构建起美满幸福的人生大厦。

第二节　我国古代家庭保障的历史经验

一、我国家庭养老的历史传统

敬老养老是中华民族的传统美德之一。我国有着家庭养老的悠久历史传统，历朝历代均为保障家庭养老而制定礼法或政策，并以具体制度提倡、推动家庭养老。

早在远古时期，人们就已经有了"孝"的观念。

夏、商、周时期，养老礼制趋于规范和具体。《礼记·王制》记载："周人养国老于东胶，养庶老于虞痒。""凡养老，有虞氏以燕礼，夏后氏以飨礼，殷人以食礼。周人修而兼用之。五十养于乡，六十养于国，七十养于学:达于诸侯。"

春秋战国时期，养老思想及相关制度有了进一步的发展。《管子·入国》记载："所谓老老者，凡国皆有掌老。年七十以上，一子无征，三月有馈肉；八十以上，二子无征，月有馈肉；九十以上，尽家无征，日有酒肉。"春秋战国时期，"色养"思想初见端倪。孔子曰："今之孝者，是谓能养。至于犬马，皆能有养；不敬，何以别乎?"

秦汉时期，"色养"思想进一步完善。《礼记·内则》引曾子的话说："孝子之养老也，乐其心，不违其志，乐其耳目，安其寝处，以其饮食忠养之，孝子之身终”。汉朝推行“以孝治天下”，为减轻子孙养老负担，汉朝政府规定对 56 岁以上的老人免征 120 钱的人头税。

唐朝时对色养的要求更加苛刻。《孝经·纪孝行》云：“孝子之事亲也，居则致其敬；养则致其乐；病则致其忧；丧则致其哀；祭则致其严。五者备矣，然后能事亲。”据记载，唐朝宰相房玄龄不仅对生身父母克尽孝道，而且“事继母，能以色养，恭谨过人”。

明清两朝皆规定，年“七十以上者，许一子侍养，免其杂泛差役”①。

二、我国古代保障家庭养老的主要做法

封建社会的历代统治者都通过各种方式提高老人的政治、经济与社会地位，且以极为严苛的法律重惩不孝，从而为家庭养老提供了较为全面的保障。

(一)赐爵授官，提高老人的政治地位

赐予老人一定的爵位的做法始于汉代，虽汉之后赐爵做法渐衰，但各朝代仍偶有为之者。如 495 年，孝文帝“赐高年爵”②；988 年，宋太宗诏令：“民年七十以上赐爵一级”③；1368 年，明太祖进行了一次全国性的赐爵。

授予老人一定官位的做法则始于北魏。496 年，孝文帝下诏曰：“国老年黄者以上，假中散大夫、郡守……庶老直假郡县……”④660 年，唐高宗诏令：“妇人八十以上版授郡君。”⑤1060 年，宋仁宗拜 12 位百岁老人为州助教；1069 年，宋神宗又授予 9 位百岁老人为州助教。

赐爵授官，虽然实际上并非让老年人做官做事，但是国家统治者通过赐爵授官之制无形之中提高了老年人的政治地位，推动了全社会敬老养老风尚的形成。

(二)赏赐钱物，减免赋税，提高老人的经济地位

汉文帝时规定：“年八十以上，赐米人月一石，酒五斗。其九十以上，又赐帛

---

① 赵尔巽等：《清史稿》卷一二一《食货志》，中华书局 1977 年版，第 3549 页。
② (唐)李延寿：《北史》卷三《魏本纪》，中华书局 1974 年版，第 110 页。
③ (元)脱脱等：《宋史》卷五《太宗本纪》，中华书局 1977 年版，第 81 页。
④ (唐)李延寿：《北史》卷三《魏本纪》，中华书局 1974 年版，第 116 页。
⑤ (宋)欧阳修：《新唐书》卷三《高宗本纪》，中华书局 1975 年版，第 60 页。

人二匹，絮三斤。”①明朝朱元璋曾下诏：对于80岁以上的贫民，每月给米5斗、酒3斗、肉5斤；90岁以上的，每年加赐帛1匹、丝绵1斤。

除赏赐钱物外，有的朝代还安排专门人员帮助子孙照顾老人。唐朝时的“补给侍丁”制度即规定，“凡庶人年八十及笃疾，给侍丁一人；九十，给二人；百岁，三人。”②

自春秋战国始，秦、汉、唐、宋、明、清等各朝皆有减免老年人子孙赋税的规定。前已有所述及，不予详述。

（三）举行礼典，提高老人的社会地位

这里所说的礼典首先指“三老五更”之礼。“三老”指熟悉天地人事者，“五更”指深谙五行更替者，三老五更“皆年老更事致仕者也”。“三老五更”的养老礼制最早始于先秦时期。周礼《礼记·祭义》载，典礼上陈设三老、五更的席位，摆上美酒佳肴。早晨，天子莅临太学，对众老恭敬下拜，亲自为老人割肉献酒。宴毕，天子向众老“乞言”，即征询建议和治国之策。③

其次还有“乡饮酒之礼”。乡饮酒之礼是每年举行的全国性的养老大典，主要于地方举行。行乡饮酒之礼时，主人需“三揖至于阶，三让以宾升”，请60岁以上的老人上座，有其发言为训，以其行为示范。直至清朝光绪年间，乡饮酒之礼才被废除。

再者为“千叟宴”。清朝于“康乾盛世”时先后多次举行有数千名高龄老人参加的宫廷御宴，史称“千叟宴”。

（四）颁授鸠杖，赋予老人各种特权

据传，授老人以鸠杖之制始于周朝，其制度化则成于汉时。公元前72年，汉宣帝诏令：民年80岁以上，颁赐“王杖”。汉成帝时将颁授鸠杖的年龄降低到70岁以上。92年，孝文帝“赐京邑老人鸠杖”。鸠杖代表老人可享有种种特权，如待遇比六百石；“得出入官府节第”，“入宫廷不趋”，“行驰道中”；“列肆贾市，毋租”；“犯(非)罪耐以上，毋二尺告劾；有敢征召、侵辱者，比大逆不道”。④

---

① (汉)班固：《汉书》卷四《文帝经》，中华书局1962年版，第113页。

② (后晋)刘昫：《后唐书》卷四三《职官志》，中华书局出版社1975年版，第1826页。

③ 转引自刘洪清：《古代养老礼制趣谈》，载《中国社会保障》2014年第6期。

④ 参见中国科学院考古研究所：《武威磨咀子汉墓出土王杖十简释文》，载《考古》1960年第9期。另参见刘德增：《古代中国的养老与敬老》，载《民俗研究》1992年第1期。

（五）宽宥免刑，减轻对犯法老人的处罚

对犯法老人的宽宥，大概始自周代，即《汉书·刑法志》载："凡有爵者，与七十者，与未龄者，皆不为奴。"汉惠帝即位当年，下诏：民70岁以上犯法，不加肉刑。唐律规定：年70岁以上79岁以下者，犯流罪以下，收赎。年80岁以上89岁以下者，犯谋反、大逆、杀人罪当处死者，上奏皇帝裁决；犯其他罪不纠；年90岁以上，无论犯何罪皆赦免不纠。宋律一准唐律。明律规定：民年70岁以上79岁以下，犯流罪以下，收赎；年80岁以上89岁以下者，犯盗窃、伤人罪，亦准收赎，它罪不纠；年90岁以上无论犯何罪皆不处罚。[①]

（六）不孝入罪，以严苛的法律维护孝道

古代中国礼法一体，出礼即入刑。历代统治者皆以极为严苛的法律保障家庭养老，不孝被列为极重之罪。据记载，夏后氏之时，"五刑之属三千，而罪莫大于不孝"[②]。殷商之时，"刑三百，罪莫重于不孝"[③]。周初《康诰》提出："元恶大憝，矧惟不孝不友。"

秦时法律不仅有不孝罪，而且处罚很重。《睡虎地秦墓竹简》记载，对于亲子不孝的行为，父亲甚至有权要求官府处死儿子，且此类案件官府皆当依律受理处断。[④]《法律答问》亦记载："殴大父母，黥为城旦舂。今殴高大父母，可（何）论？比大父母。"[⑤]

汉朝以孝治天下，汉律规定，对不孝养老人者，要处以弃市之刑。

《北齐律》将不孝行为归入"恶逆""不孝"两大类罪，列入"重罪十条"，并给予严厉打击，且不在八议、论赎之限。

唐朝十分重视以法律确保子女对父母的赡养，《唐律疏议》即有"父母在，不远游，不别居，不异财"之规定，保证子女能够尽到赡养老人的义务。对不孝养父母之子孙，《唐律疏议》亦规定："祖父母、父母在，子孙就养无方……而有异财、别籍……堪供而阙者，祖父母、父母告乃坐。""诸养子所养父母，无子而舍去者，徒三年。"唐律规定："殴及谋杀祖父母、父母，杀伯叔父母、姑、兄姐、外祖父

① 参见刘德增：《古代中国的养老与敬老》，载《民俗研究》1992年第1期。

② （唐）房玄龄等撰：《晋书》卷一二八《慕容超传》，中华书局1974年版，第3178页。

③ 许维遹撰，梁运华整理：《吕氏春秋集释·孝行》引《商书》，《新编诸子集成》本，中华书局2009年版，第308页。

④ 参见睡虎地秦墓竹简整理小组：《睡虎地秦墓竹简》，文物出版社1990年版，第156页。

⑤ 睡虎地秦墓竹简整理小组：《睡虎地秦墓竹简》，文物出版社1990年版，第111页。

母、夫、夫之祖父母、父母，皆处斩刑。”唐律还将诅咒、骂詈祖父母、父母行为一并归入“不孝罪”，处绞刑，位列“十恶”之中。历朝历代中“恶逆”“不孝”之罪都为常赦所不免，不在议、赎之列，行刑亦不待时。

《大清律》规定，子贫困而无法赡养其父，导致父亲上吊自杀的，要按照过失杀父的刑罚，判处儿子杖一百，流放三千里。

三、古今比较视野中当代家庭养老制度的主要问题

与古代家庭养老相比，当代老年人的政治、经济与社会地位明显没有得到来自国家层面的提升，政府对家庭养老的法律与政策支持也相对缺失，而社会舆论对家庭养老的提倡与推动亦作用不大。在家庭结构小型化的冲击下，传统家庭养老方式正日趋式微，老年人处境堪忧。另外需要注意的是，老年人的精神赡养问题亦没有引起国家和社会和足够重视。

第三节　国外家庭保障的经验

一、韩国家庭养老制度与做法

韩国深受儒家文化价值观的影响，家庭养老是韩国大多数老年人更愿意选择的养老方式，韩国政府亦坚持“家庭照顾第一，公共照顾第二”的养老政策，主要通过制定详细的税收优惠政策鼓励和支持家庭养老。韩国政府规定，对于赡养老人五年以上的三代同堂家庭，在继承遗产时给予税收额 90％的减免；每赡养一个老人即可扣除 3000 万韩元的遗产税；对于需要赡养 60 岁（女 55 岁）以上直系亲属的纳税人，每年可扣除 48 万韩元的所得税；对于子女和父母各自拥有住房又选择在一起生活者，可以免除一方出租或出售住房的所得税；本人或其配偶与直系亲属老人共同生活两年以上者，可以获得政府优惠贷款，用来购置、改造、新建住房。

二、日本家庭养老制度与做法

受儒家文化影响，日本有着家庭养老的传统，家庭养老虽因受到老龄化冲击而面临一些困难，但是日本充分发挥家庭的“潜藏资产”，仍然坚持以家庭照料为中心的政策。日本政府一方面通过贷款、税收方面的优惠措施鼓励子女与

老年人共同居住，另一方面还实行与之相配套的在家福利对策，通过政府提供服务的方式减轻子女的养老压力。

日本政府不仅对65岁以上的老年人本身扣除一部分收入所得税和居民税，而且对于扶养老人的亲属，也可以扣除一部分收入所得税和居民税；如果所抚养的老人超过70岁，或者卧床不起和身体有障碍者，扣除的收入所得税和居民税的数额还可以提高。政府还积极提倡、鼓励三代同堂的家庭生活。如果照顾老年人的子女要修建房子，使老人有自己的活动空间，他们可以得到贷款，卧床老人需要的特殊设备亦由政府负责提供。家庭收入较低者还可以得到免费发给的日常生活用具。①

日本为推行家庭养老实行的在家福利对策是指推行"老年人家访看护制度"，即由政府派出家庭服务员，为居家养老的老年人提供家庭帮助、疾病防护与精神陪护等服务，服务内容涵盖老年人的健康防护到衣食住行以及老年人的物质生活与精神需要，从而形成了独具日本特色的"住在家庭，养靠社会"的养老模式。

三、新加坡家庭养老制度与做法

新加坡政府受儒家传统文化影响，认为"孝道"是伦理道德的起点，因此一直不遗余力地提倡和鼓励家庭养老模式。李光耀认为，孝敬父母、重视家庭是亚洲文化的精髓，是亚洲三大文化最值得也最应该保留的部分。他曾在1971年的春节电视讲话中说："孝道不受重视，生存的体系就会变得薄弱，而文明的生活方式也会因此而变得粗野……"②

为了保持"三代同堂"的家庭结构，新加坡政府首先通过大力宣传创造尊老敬老、赡养老人的良好的社会氛围。其次，新加坡还于1995年在世界上第一个为"赡养父母"立法。《赡养父母法》明确规定了拒绝赡养父母的司法诉讼与法律责任：凡拒绝赡养资助贫困的年迈父母者，其父母可以向法院起诉，如发现被告子女确实未遵守《赡养父母法》，法院将判决对其罚款1万新加坡元或判处1年有期徒刑。1996年6月，根据该法新加坡又设立了赡养父母仲裁法庭。仲裁庭由律师、社会工作者和公民组成，地方法官则担任主审，若调解不成再由仲

① 参见李鹏军：《日本家庭养老及其对我国的启示》，载《重庆教育学院学报》2009年第3期。

② 转引自韦红：《新加坡精神》，长江文艺出版社2000年版，第174页。

裁法庭开庭审理并进行裁决。[①] 再次，新加坡建屋局为与老人同住的组屋的申请者提供便利和优惠，对三代同堂的家庭给予价格上的优惠和优先安排；有一个子女同丧偶的父母或母亲一起居住，对父母遗留的房屋可以享受遗产税的减免优待。[②] 最后，新加坡政府还推出了一系列津贴计划，为需要赡养老人的低收入家庭提供养老、医疗方面的津贴，通过津贴减轻赡养人的经济负担。

四、英国和美国的家庭养老制度与做法

英国和美国都没有家庭养老的传统，法律也没有规定子女必须赡养父母，但对于为老年人提供家庭照料的子女仍然给予一定的津贴或税收优惠。英国早在 1995 年就出台了《照料者(认可和服务)法案》，此后又陆续出台了《照料者(平等机会)法案》《工作与家庭法案》等，对家庭照料者给予政策支持。经济方面的支持主要是提供照料者津贴、税收减免、陪同老人出行时的交通娱乐等方面的优惠；另外，在就业、假期等方面也可以获得特殊支持。

美国为老年人提供家庭照料服务的优惠对象包括成年子女但不局限于成年子女，即为老年人提供家庭照料者皆可享受一定优惠与服务。美国于 2000 年通过的《美国老年法》第Ⅲ-E 修正议案——全国照料者支持项目，将为 60 岁以上老人提供家庭照料的成年人作为受益人，明确为其提供信息服务、支持性服务、个人咨询服务、支持小组和培训服务、喘息照料以及补充性服务等项目，并可以提供住房、交通、法律和金融等多方面的照顾和优惠。

---

① 参见丁煜：《保障和激励：建立支撑我国城市家庭养老健康发展的有效机制》，载《人口与经济》2001 年第 4 期。

② 参见韦红：《新加坡精神》，长江文艺出版社 2000 年版，第 180 页。

参考文献

联合国国际劳工组织主编:《社会保障基础》,王刚义、魏新武译,吉林大学出版社 1989 年版。

睡虎地秦墓竹简整理小组:《睡虎地秦墓竹简》,文物出版社 1990 年版。

韦红:《新加坡精神》,长江文艺出版社 2000 年版。

成思危主编:《中国社会保障体系的改革与完善》,民主与建设出版社 2000 年版。

郑功成:《社会保障学》,商务印书馆 2000 年版。

史探径主编:《社会保障法研究》,法律出版社 2000 年版。

李迎生:《社会保障与社会结构转型:二元社会保障体系研究》,中国人民大学出版社 2001 年版。

杨燕绥:《劳动与社会保障立法国际比较研究》,中国劳动社会保障出版社 2001 年版。

林嘉:《社会保障法的理念、实践与创新》,中国人民大学出版社 2002 年版。

郑功成等:《中国社会保障制度变迁与评估》,中国人民大学出版社 2002 年版。

郭成伟、王广彬:《公平良善之法律规制——中国社会保障法制探究》,中国法制出版社 2003 年版。

李培林主编:《农民工——中国进城农民工的经济社会分析》,社会科学文献出版社 2003 年版。

国家建设部编写组:《国外城市化发展概况》,中国建筑工业出版社 2003 年版。

沈洁:《日本社会保障制度的发展》,中国劳动社会保障出版社 2004 年版。

孙光德、董克用:《社会保障概论》,中国人民大学出版社 2004 年版。

王卫平、黄鸿山:《中国古代传统社会保障与慈善事业——以明清时期为重点的考察》,群言出版社 2005 年版。

邓大松、林毓铭、谢圣远等:《社会保障理论与实践发展研究》,人民出版社 2007 年版。

郑功成:《中国社会保障 30 年》,人民出版社 2008 年版。

郑功成:《中国社会保障改革与发展战略:理念、目标与行动方案》,人民出版社 2008 年版。

刘苓玲:《中国社会保障制度城乡衔接理论与政策研究》,经济科学出版社 2008 年版。

穆怀中等:《发展中国家社会保障制度的建立和完善》,人民出版社 2008 年版。

梁鸿、赵德余等:《人口老龄化与中国农村养老保障制度》,上海人民出版社 2008 年版。

王伟:《中国社会保障法律制度研究》,中央民族大学出版社 2008 年版。

杨华:《中国城乡一体化进程中的社会保障法律制度研究》,中国劳动社会保障出版社 2008 年版。

赵立新:《德国日本社会保障法研究》,知识产权出版社 2008 年版。

王文素:《中国古代社会保障研究》,中国财政经济出版社 2009 年版。

欧阳仁根、赵新龙:《中国农村社会保障法律制度研究》,人民出版社 2009 年版。

胡晓义主编:《走向和谐:中国社会保障发展 60 年》,中国劳动社会保障出版社 2009 年版。

佚名:《社会保障法》,中国政法大学出版社 2009 年版。

丁建定:《西方国家社会保障制度史》,高等教育出版社 2010 年版。

费孝通编:《中国城镇化道路》,内蒙古人民出版社 2010 年版。

郑功成主编:《中国社会保障改革与发展战略(总论卷)》,人民出版社 2011

年版。

郑秉文主编:《中国养老金发展报告(2011)》,经济管理出版社 2011 年版。

厉以宁:《中国道路与新城镇化》,商务印书馆 2012 年版。

张民省等:《继承和完善:中国社会保障理论与实践体系研究》,科学出版社 2012 年版。

宋健敏编著:《日本社会保障制度》,上海人民出版社 2012 年版。

潘怀明:《中国特色社会保障法律制度研究》,中国财富出版社 2013 年版。

丁建宝等:《中国社会保障制度体系完善研究》,人民出版社 2013 年版。

樊小钢、陈薇:《公共政策:统筹城乡社会保障》,经济管理出版社 2013 年版。

俞卫主编:《国际社会保障动态——全民医疗保障体系研究》,上海人民出版社 2013 年版。

阿里木江·阿不来提:《中亚社会保障问题研究》,企业管理出版社 2013 年版。

周其仁:《城乡中国》,中信出版社 2013 年版。

中国海南改革发展研究院:《人的城镇化——40 余位经济学家把脉新型城镇化》,中国经济出版社 2013 年版。

新玉言:《新型城镇化模式分析与实践路径》,国家行政学院出版社 2013 年版。

李铁:《城镇化与社会变革》,中国发展出版社 2013 版。

张占斌等:《中国新型城镇化建设重大问题研究》,河北人民出版社 2013 年版。

唐磊、鲁哲:《海外学者视野中的中国城市化问题》,中国社会科学出版社 2013 年版。

黄惠运:《中央苏区社会保障研究》,社会科学文献出版社 2013 年版。

郭文佳:《宋代社会保障文化研究》,中国文史出版社 2014 年版。

易鹏:《中国新路——新型城镇化路径》,西南财经大学出版社 2014 年版。

孟健军:《城镇化过程中的环境政策实践——日本的经验教训》,商务印书馆 2014 年版。

[韩]金渊明:《社会保障论争》,中国劳动社会保障出版社 2010 年版。

后记

自十余年前从事科研工作开始，懵懵懂懂的我就对社会保障问题有着特殊的兴趣。现在想来，这份特殊的兴趣或许来自对身边老年人“老无所养，老无所医，老无所乐”的许多困惑。

我自幼生长在胶东地区一个普通的小村子里，我的长辈至今仍然生活在那里。小的时候，村里人都是三代人甚至四代人生活在一个房子里，全家人一起过着日出而作、日落而息的生活，虽然忙忙碌碌，磕磕绊绊，却也其乐融融。家家户户的老年人似乎都不需要操心养老问题，“养儿防老”是个多么简单自明的道理呀。尽管处在缺吃少穿、缺医少药的年代，但三代甚至四代同堂的大家庭，儿女们嘘寒问暖，孙子孙女们承欢膝下，这就足以让老年人幸福安乐。

随着年龄的增长，小村庄发生了巨大的变化。房子越盖越宽敞，可住在里面的人却越来越少，老人大多依然住在低矮破旧的小石头屋中，而年轻人则建起了宽敞明亮的大砖房，“三代同堂”的家庭很难见到了。更让人痛心的是，老人们依然抱有淳朴的“养儿防老”的观念，越来越多的儿女却不肯负起赡养老人的责任，不赡养老人的风气在村子里居然悄悄蔓延开来。缺少了来自儿女的物质帮助与精神安慰，有的老人的日常生活成了大问题，脸上的笑容也越来越少。

最近几年，越来越多的年轻人跑到城镇打工，村子里更空了。如果说前几年还能偶尔见到幼时的伙伴或者尚未入学的小孩，现在则只剩下了白发苍苍的老人。那些我曾经熟悉的大爷、大娘、叔叔、婶婶们，包括我的亲人，都已过了花甲之年，他们依然过着日出而作、日落而息的耕种生活。可以说，我国的绝大多数土地上仍然流淌着已过或将到花甲之年的老年农民的汗水，一天比一天衰老的老年农民苦苦支撑着中国的粮食生产，为我们提供着最基本、最廉价的生存和生活资料。只是，我心里着急啊——好多人已经70多岁了，他们什么时候能够像城里人一样光荣"退休"啊？我也替我们国家着急——农村只剩下了老人，十年之后他们中的绝大多数就干不动农活了，到时候谁来种地呢？

如果说身体上的辛苦劳作尚可承受的话，精神上的空虚寂寞却无法解脱！年轻人都扔掉了手中的"弯弯铁"，携儿带女奔向城镇的文明生活，老人成了名副其实的"空巢老人"。每每跟熟悉的老人聊起儿女，老人就说："他们很忙，不大回来，经常打个电话。"说到日后的生活安排，老人最爱说："一天天过呗"，"到时候再说"，或者"谁知道呢"。当被问及怎么不考虑跟儿女一起生活时，老人的神情就更加落寞："他们哪顾得上我们？"或者"哪敢指望他们呀"。

改革开放给我们带来了物质上的满足，国家通过社会保障制度为国民提供了基本的养老和医疗保障，并且这份保障越来越完善。可是我能感觉到中国的老人越来越不幸福。有儿有女却不能依靠，养老院又进不去或住不起，居家养老则受国家政策、社区服务、经济能力等现实条件所限，基本上是自己照顾自己，真是越到晚年越成了"孤家寡人"！

有时候我也会想到自己的养老问题。平心而论，我希望能与孩子一起生活，可是我只有一个孩子，他以后可能需要照顾小家庭的四个甚至更多的老人，他得多累啊！如果去养老院养老，中国有那么多的养老院吗？能满足我对养老的需要吗？

说实话，我并不看好机构养老。相对于两亿人的庞大老年群体，且不说养老院的服务如何、收费如何，仅仅平均每50个老年人才一张床位的现实，就足以说明养老院无论怎么发展壮大都是"僧多粥少"。家庭养老，确实受到家庭小型化的冲击，但如果有舆论上的积极引导和宣传，有来自国家层面的优惠政策和法律支持，有能够切实减轻小家庭经济压力和工作压力的应对办法，我认为还是极具现实性的选择。居家养老，其实是不错的选择，如果是跟儿女住在一起的居家养老，则可谓完美。国家的社会保障可以解除养老的经济压力，社区的养老服务可以弥补儿女照顾父母的压力，同时还能享受与儿女一起生活的天伦之乐。我希望，到我年老的时候，国家的社会保障是健全的，社区的养老服务是完善的，儿女的精神照顾是实在的。

说到国家为普通老百姓提供的社会保障，作为一名社会保障领域的科研工作者，我知道我国的社会保障制度正逐渐走向完善：新型农村合作医疗保险建立了，农村居民基本养老保险建立了，城镇居民基本医疗保险也有了，并且保障群体越来越大，保障标准越来越高；机关事业单位的公费医疗被职工医保代替了，单位养老被社会养老保险代替了，身份差异带给社会保障制度的不公平性正在逐渐消失；企业退休人员的退休金连续十余年以10%左右的速度增长……伴随着新型城镇化对社会保障制度的新要求以及民众对社会保障需求的增长，国家不断地花大力气发展社会保障事业，我国的社会保障事业可谓蒸蒸日上。

虽然我国现在的社会保障标准还远没有达到发达国家水平，但是我们必须高度关注发达国家社会保障制度存在的弊端，如西方高福利国家社会保障支出的过重负担给国家的财政和经济均造成巨大压力，且容易养成人们不思进取不爱劳动的习惯。或许，我们早就应该思考一个问题——我国应该确定怎样的社会保障水平，才能既满足国人的社会保障需求，体现社会主义制度的优越性，又能鼓励国人热爱劳动，为国家创造更多财富，同时还能调节收入分配，维护社会稳定，实现社会公平！

这是我第一次写书。以前虽然也曾有过著作等身的豪言壮语，但皆“三分钟”之冲动，我从来不曾以书的名义真正动笔写过一个字。这次写作，对我来说既是动力也是压力。终于可以写一本自己喜欢的书，这是我的动力；担心能力不足则是我的压力。这次写书，确实让我感受到了写作的不易：炎炎夏日，汗流浃背，大脑却一片空白；深夜醒来，便辗转反侧，难以入眠，即使外出游玩亦觉心头有一重负而难以释怀。写作的不易让我对所有曾经出版过专著的前辈们心生浓浓敬意，他们是我学习的榜样和前进的动力。由于学识尚浅、能力有限，加之经验不足，虽然我自觉已殚精竭虑，但本书亦有许多不足之处，还望各位读者朋友见谅。

感谢我的领导谢桂山老师提供的宝贵机会。如果没有这次机会，我仍然不会开启我的写作之门。感谢我的同事们对我的鼓励和帮助,没有他们,我很难坚持写完本书。

感谢山东大学出版社的信任。山东大学出版社的尹凤桐老师为本书的写作安排、修改、定稿以及出版面世等都提供了热情的帮助,使尚为后学之辈的我深感宽慰与感激。

同时,我还要感谢来自家人的支持。自写作伊始,我便将许多时间和精力投入其中,对家人的照顾自然少了。体贴的老公主动承担了许多家务,乖巧的儿子自觉安排好自己的学习,让我在辛苦写作的同时倍感欣慰。

高巧玲
2015 年 12 月 26 日